Reis

Tobias Meier (Hrsg.)

Reis

Mit umfassender Warenkunde und den 100 besten Rezepten

helvetas

FONA

Verantwortlich für das Lektorat: Léonie Haefeli-Schmid
Texte Einführung: Robert Schmid, Theres Berweger, Erika Lüscher
Gestaltung Umschlag: Dora Eichenberger-Hirter, Birrwil
Gestaltung Inhalt: Dora Eichenberger-Hirter, Birrwil,
und Andrea Heimgartner, Zürich
Bilder der Reissorten und Cover-Bild: Andreas Thumm, Freiburg i. Br.
Bilder in der Warenkunde: Robert Schmid, Obererlinsbach; www.3wimage.com
Rezepte und Food-Bilder: Quellennachweis beim Verlag
Lithos: Neue Schwitter AG, Allschwil
Druck und Bindung: Stalling, Oldenburg

ISBN 3-03780-178-6

Die französische Ausgabe dieses Buches ist unter dem Titel «Le monde du riz – connaissances générales et 100 délicieuses recettes» erhältlich. ISBN 3-03780-517-X

INHALT

Wo nicht anders erwähnt, sind die Rezepte für 4 Personen berechnet.

Reis ist Leben

Die UNO hat das Jahr 2004 zum «Internationalen Jahr des Reises» deklariert. Zum ersten Mal wird ein Jahr einem einzigen Lebensmittel gewidmet. Wer sich intensiver mit der Reispflanze beschäftigt, realisiert sehr schnell, wie bedeutsam diese Pflanze für den Planeten Erde und deren Bevölkerung ist. Dieses Buch gibt einen Einblick in die Geheimnisse und Hintergründe dieser Pflanze, die mehr als nur ein beliebiges Nahrungsmittel ist.

Reis hilft Überleben.
Reis spielt für mehr als die Hälfte der Weltbevölkerung eine wichtige Rolle. Allein in Asien nehmen mehr als 2 Milliarden Menschen 60 – 70 % ihrer Energie aus der Reispflanze. 840 Millionen unterernährte Menschen gibt es weltweit leider immer noch, davon sind mehr als 200 Millionen Kinder. Entwicklungsorganisationen wie Helvetas unterstützen die Bestrebungen, die Ernährungssicherheit durch nachhaltigen und effizienten Reisanbau zu garantieren.

Reis ermöglicht Einkommen zum Leben.
Mehr als 1 Milliarde Menschen in Entwicklungsländern ernähren sich nicht nur hauptsächlich von Reis, ihr Einkommen kommt auch aus dem Anbau oder der Verarbeitung von Reis und dem Reishandel. Entwicklungsorganisationen wie Helvetas, Weltläden wie claro sowie gepa, Labelorganisationen wie Max Havelaar und Transfair ermöglichen den Verkauf von Reis aus fairem Handel. Kleinbauern erhalten einen fairen, existenzsichernden Preis für diesen Reis.

Reis ist Leben in der Natur.
Eine nachhaltige Bewirtschaftung der weltweiten Reisfelder kann einen wichtigen Beitrag leisten zu einer intakten Natur. Hierzu gehört der behutsame Umgang mit dem für den Reisanbau äußerst wichtigen Element Wasser, der Einsatz von möglichst wenig Chemikalien und der Erhalt der Sortenvielfalt.

Reis ist kulturelles Leben.
Reis bestimmt das Leben in vielen Entwicklungsländern. Dementsprechend hat Reis auch eine große Bedeutung im kulturellen Leben dieser Menschen. Die kulturelle Wichtigkeit spiegelt sich in der Symbolik des Reises. Er steht für Fruchtbarkeit, Glück, Reichtum. Das chinesische Zeichen für «Frieden» liest sich, wortwörtlich übersetzt, «die Reiskörner gleichmäßig auf jeden Mund verteilen». Besonders spiegelt sich dieser kulturelle Reichtum in den Speisen, die mit diesem Korn aufgetischt werden können.

Reis ist Leben.
Dieses Standardwerk füllt den Ausdruck «Reis ist Leben» mit Inhalt. Dieses Buch soll informieren und inspirieren. Tauchen Sie ein in die Geschichten und Rezepte rund um den Reis.

Tobias Meier
Leiter FairShop Helvetas; Präsident Max Havelaar Schweiz

Einführung

1

Reis-Zeitreise

Thailand, China, Indien ..

Funde beweisen, dass der Reis in der Ernährung schon früh eine wichtige Rolle spielte und in verschiedenen, weit voneinander entfernten Gebieten vorkam. Lange waren die Forscher überzeugt, dass der Reis nicht älter als dreitausend Jahre sei. In den Zwanzigerjahren des letzten Jahrhunderts fanden schwedische Botaniker in einem Ausgrabungsgelände aus der Jungsteinzeit jedoch Tongefäße, die Abdrücke von Reiskörnern aufwiesen. Es gab auch Funde an den Hängen des Himalaja und in China, so unter anderem im Flussdelta des Jangtze. Am Gelben Fluss in Südostchina wurden ebenfalls bäuerliche Niederlassungen entdeckt, die bereits 5000 Jahre vor Christus bewohnt waren. Noch älter sind die in Gefäßen gefundenen Reisspeisen in der Geisterhöhle – Spirit Cave – in Nordthailand. Ihr Alter wird auf 7000 bis 10 000 Jahre geschätzt. Sie waren wohl als rituelle Gabe für die Geister Verstorbener gedacht.

Das Sammeln von wild wachsendem Reis war wenig ertragreich. In aufwändiger Arbeit mussten die Reispflanzen gesucht und die Rispen geerntet werden. Mit dem gezielten Reisanbau wurde möglicherweise in der Übergangszeit vom Jäger- und Sammlertum zur zeitweiligen Sesshaftigkeit begonnen. Erst 3000 Jahre nach seiner Entdeckung breitete sich der Reis von den Sumpfgebieten im Süden Chinas in Richtung Norden aus. Wandernde Stämme brachten ihn nach Myanmar (Birma), Kambodscha, Malaysia, Thailand und Vietnam.

Fruchtbares Land, ein ausgeglichenes warmes Klima und genügend Niederschlag bilden ideale Voraussetzungen für den Reisanbau. Dieser hat in vielen Ländern eine lange Tradition und veränderte das Gesicht ganzer Landstriche. Besonders augenfällig ist dies auf der Insel Bali, wo die fruchtbaren Berghänge bis weit hinauf terrassiert wurden, um möglichst viel ebenes Land zu gewinnen.
Innerhalb der meist kleinbäuerlichen Strukturen in Asien hat sich an den Kultivierungs- und Erntemethoden wenig geändert. Noch immer sind es vorwiegend Frauen, die gebückt, den breitkrempigen Reisstrohhut tief ins Gesicht gezogen, den ganzen Tag in morastigen Reisfeldern stehen, die Pflanzen setzen, das Wasser von einem Feld ins andere schöpfen und die kostbare Ernte von Hand einbringen.

Japan

Nach einer Periode der hermetischen Abgeschlossenheit ließ Japan erst im 3. Jahrhundert v. Chr. den Handelsaustausch zu. Die ersten Reisimporte stammten aus Korea. Es vergingen weitere 600 Jahre, bis chinesische Bauern das Wissen des Reisanbaus nach Japan brachten. In der Folge wurde der Reis zu einem wichtigen Ertragszweig der japanischen Landwirtschaft. Der Reis war nicht nur Nahrungs-, sondern auch Zahlungsmittel. Paradoxerweise exportierten die Japaner den qualitativ hochwertigen Klebereis mit gutem Gewinn nach China und führten für den Eigengebrauch billige Sorten ein. Der japanische Klebereis war auf dem Festland begehrt, da er sich für die Reiszubereitung besser eignete als die locker kochenden Hochlandsorten.

Vorderer Orient

Mit den Feldzügen Alexanders des Großen (4. Jhr. v. Chr.) gelangte der Reis in den Mittelmeerraum. Aufzeichnungen belegen, dass im Tal des Euphrats Reis angebaut wurde. Durch seine schriftlich festgehaltene Beschreibung machte ein Handelsreisender des damaligen syrischen Königs den Reisanbau wenig später in Persien, dem heutigen Iran, und in der Türkei bekannt.

1
Die Reisterrassen von Luzon (Philippinen) würden aneinandergereiht die halbe Erdkugel umspannen – eine phantastische kulturlandschaftliche Leistung der vielen Generationen von Reisbauern.

2

2
Festlich gekleidet eröffnen Frauen die Reisernte in Sulawesi.

Spanien, Italien, Frankreich

In Spanien ist die Reiskultur mindestens seit 1000 Jahren heimisch. Die Mauren, die Teile der iberischen Halbinsel eingenommen hatten, brachten sie auf das europäische Festland. Die Spanier ihrerseits übernahmen die Anbaumethoden und nach ihren Eroberungsfeldzügen in Richtung Osten ließen sie den Reis auch in Südfrankreich und Oberitalien anbauen. Vor allem in der Po-Ebene wurde er schon früh systematisch angepflanzt und die Anbauflächen ständig vergrößert. Ende des 15. Jahrhunderts wurde erstmals Reis über die Alpen in süddeutsche Reichsstädte transportiert. Die Exporte nahmen zu, bis der Herzog von Mailand den Reisanbau in der Nähe der Stadt verbot. Da es in den sumpfigen Gebieten immer wieder zu Malaria-Epidemien gekommen war, glaubten die Leute, die Reispflanze würde einen giftigen Stoff ausscheiden, der die Leute krank macht. Schuld war aber nicht der Reis, wie man heute weiß, sondern die Mücken, denen das stehende Wasser eine optimale Lebensgrundlage bot. In China kannte man dieses Problem nicht, weil die Reisbauern Karpfen in die überfluteten Felder aussetzten. Die Fische betätigten sich als natürliche Schädlingsbekämpfer und taten sich an den Insektenlarven und an den Wurzeln der Unkräuter gütlich.

Afrika

Erste Reisvorkommen in Afrika werden auf 3500 Jahre vor unserer Zeitrechnung datiert. In Westafrika hatte sich eine eigenständige, robuste rote Reissorte entwickelt. Der asiatische Reis dagegen fasste auf dem schwarzen Kontinent erst vor etwa 500 Jahren Fuß. Durch Kreuzungen entstanden neue, den trockenen Standorten angepasste Reissorten. In Ägypten werden jährlich 5,6 Millionen Tonnen und in Nigeria 3,3 Millionen Tonnen Reis geerntet, doch davon sind nur 5 bis 10 % für den Eigenbedarf bestimmt.

1

1
Unkraut jäten in den Reisfeldern des Niger-Inlanddelta (Mali).

2
Nivellieren der Reisfelder vor dem Überfluten mit modernsten Lasern und schweren Maschinen (Kalifornien, USA).

2

England
Nachdem die Engländer den Seeweg um das Kap der Guten Hoffnung (südlich von Afrika) nach Indien entdeckt hatten, errichteten sie an der indischen Küste überall Handelsniederlassungen. Dort lernten die Kolonialherren auch die indische Art der Reiszubereitung kennen und sie machten das Gericht an europäischen Fürstentischen populär. «Kari» ist das südindische Wort für «Sauce», das zum englischen «Curry» mutierte.

Über Madagaskar nach Charles Town in South Carolina
In Madagaskar kennt man die Nassreiskultur etwa gleich lang wie in Spanien. Malaien hatten das Wissen auf die Insel im Indischen Ozean gebracht. Vor 300 Jahren dann, so heißt es, soll ein holländisches Handelsschiff von Madagaskar aus Richtung Westen gesegelt sein. Auf dem Atlantik geriet es in einen Sturm. Deshalb lief es den Hafen von Charles Town in South Carolina an. Während an ihrem Schiff die notwendigen Reparaturen vorgenommen wurden, habe der Kapitän dem Gouverneur einen Höflichkeitsbesuch abgestattet und ihm einen Sack besten Madagaskarreises geschenkt. Dieser wurde wegen seiner Farbe «Golden Seed» genannt.
Der Gouverneur habe die Reiskörner mit Hilfe von Indianern und später auch mit schwarzen Sklaven in den Sumpfgebieten um Charles Town angepflanzt und damit den Grundstein gelegt für die Reisproduktion in der Neuen Welt. Die Qualität des Reises, der nun «Carolina Gold» hieß, war so hervorragend, dass sie zum allgemeinen Maßstab wurde.
Charles Town, später auch George Town, wurden rasch zu wichtigen Reishandelszentren. Hier konstruierte Jonathan Lucas die erste wasserbetriebene Reismühle. Im darauf folgenden Jahrhundert entstanden weit über 150 Reisplantagen. Aber mit dem Sezessionskrieg kam das abrupte Ende dieser Erfolgsgeschichte. Die Häfen wurden blockiert, die Reisfelder abgebrannt und die Plantagen geplündert.
Das Land erholte sich nie mehr von diesem Krieg. Dafür brachten Soldaten und Einwanderer den Reis in den südlichen Teil des «Wilden Westens». Hand in Hand mit der Mechanisierung stieg auch die Rentabilität des Reisanbaus. In Louisiana, Texas, Arkansas, Kalifornien und im oberen Mississippi-Delta wurden große Flächen mit Reis bepflanzt. Selbst der Präsident der Vereinigten Staaten setzte sich für die Verbreitung des Reises ein: Es soll kein Staats-Dinner ohne Reisgericht gegeben haben!

Süd- und Mittelamerika
Bei ihren Entdeckungsfahrten in die Neue Welt hatten die spanischen und portugiesischen Seefahrer auch Reis als Nahrungsmittel für die Mannschaft geladen und pflanzten ihn gleichzeitig in den eroberten Ländern an.

Australien
Das Wissen rund um den Reisanbau brachten die Japaner zu Beginn des Ersten Weltkriegs auf den Kontinent. Reis wird im nördlichen, subtropischen Teil jedoch erst seit dem Zweiten Weltkrieg großflächig angebaut. Heute werden in Australien die höchsten Flächenerträge erzielt.

1
Reis stillt den Hunger nach dem Tempelfest (Thimphu, Bhutan) ...

2
... und sättigt in der Plantagen-Kantine in Kuba die Landarbeiter.

1

Ein kleines Korn für Millionen

Der Reis ist auf unserem Planeten das wichtigste Nahrungsmittel. Auf mehr als 150 Millionen Hektaren wird Reis angebaut, was 11 % der Welt-Ackerfläche entspricht. Pro Hektare entstehen auf einem Reisfeld mehr Nahrungskalorien als mit allen anderen Getreiden. 20 bis 21 % der durch die Landwirtschaft produzierten Nahrungskalorien stammen weltweit von Reis. Während im asiatischen Raum der Reis 31 % zur Gesamternährung beiträgt, sind es in Bangla Desh 72 bis 76 %, in Kambodscha 85 bis 80 %, in Vietnam 66 bis 71 %, in der Volksrepublik China 30 bis 35 %, in Indien 50 bis 53 % und in Europa 1 %. Asien produziert 92 % der Welternte, davon entfallen auf China 31 % und auf Indien 22 %; der Rest verteilt sich auf die anderen Länder. Jährlich werden etwa 500 Millionen Tonnen Reis verzehrt.

2

Anbau rund um den Erdball

Heute wird Reis sowohl in den Tropen als auch in den Subtropen und in gemäßigten Klimazonen angebaut. Durch Züchtung ist es gelungen, die Anbaugebiete bis zum 53. Breitengrad Nord (Amur-Fluss) und bis zum 40. Breitengrad Süd (Zentral-Argentinien) auszudehnen. In den Berggebieten gedeiht er bis auf 2600 Meter (Jumla, Nepal). Bei genügend Wasser wächst Reis auch in den heißen Wüsten von Pakistan und Ägypten. Man findet ihn in den feuchtheißen Sümpfen Senegals ebenso wie in den kühlen Regionen am Fuße des Himalaja. Reis wächst in Italien, Frankreich, in Peru und in den USA.

Zwei Kulturpflanzen – vier Sorten

Reis ist ein einjähriges Rispengras. Je nach Standort wird die Pflanze 50 bis 130 cm hoch. Die schlanken Halme mit ihren 30 bis 50 cm langen Rispen enthalten bis zu 300 Körner. Die Reispflanze ist frostempfindlich. Während der Blütezeit sollte die Temperatur zwischen 25 und 35 °C liegen. Erntezeit ist je nach Sorte und Klima nach 90 bis 150 Tagen.
Von den zahlreichen Natursorten sind nur deren zwei zu Kulturpflanzen weiterentwickelt worden, die asiatische «Oryza sativa» sowie die westafrikanische «Oryza glaberina».
In Asien unterscheidet man drei regionale Sorten. «Oryza sativa indica» ist ursprünglich in den feuchten Tropen Südostasiens angebaut worden. Die Körner sind lang und schmal. Die Pflanze variiert, was Wuchshöhe, Rispengröße, Behaarung und Bestockung betrifft. Viele Sorten sind Kurztagespflanzen (benötigen nur eine bestimmte Lichtdauer). Die körnige Konsistenz bleibt beim Kochen in der Regel erhalten. Zu dieser Gruppe gehören Duftreis, Basmati- und Patna-Langkornreis.
«Oryza sativa japonica» stammt ursprünglich aus der Übergangszone zwischen subtropischem und gemäßigtem Klima. Die Pflanzen bleiben niedrig, die Rispen sind klein, die Reiskörner oval bis rund. Dank der Stärkezusammensetzung klebt der Reis bei den meisten Sorten beim Kochen zusammen und eignet sich speziell gut zum Essen mit Stäbchen. Zu dieser Gruppe gehören u. a. Arborio, Vialone und japanischer Süßreis (Mochireis).
«Oryza sativa javanica» stammt aus dem äquatorialen Indonesien.
«Oryza glaberrina» wird vorwiegend in Westafrika angebaut. Breite, lange und bis zum Boden hängende Blätter schützen in diesen Regionen die Erde vor dem Austrocknen.

Volle Rispen – Symbol für die Überwindung des Hungers.

Eine Pflanze – drei Anbaumethoden

Der Regen allein muss in den Savannen Ghanas genügen um den Trockenreis wachsen zu lassen.

Trockenreis

Auf rund 10 % der Reisanbaufläche wächst Trockenreis, der sogenannte upland-rice, der ohne Überflutung wächst. Er wird in Berggebieten oder halbtrockenen Regionen wie unser Weizen ausgesät und nur mit Regenwasser befeuchtet. Meist wird er von den ärmeren Bauern in Berggebieten oder auf brandgerodeten Äckern zur Selbstversorgung angebaut. Der Ertrag ist mit einer Tonne je Hektare bescheiden. Die Hauptprobleme für einen ungenügenden Ertrag sind zu wenig oder auch unzeitiger Regen, nährstoffarmer Boden und eine starke Verunkrautung.

Nassreis

Auf rund 75 % der Reis-Anbaufläche wird Nassreis, sogenannter lowland-rice, angebaut, und zwar in Wasserbassins von 5 bis 50 cm Tiefe. In 45 % der Fälle wird der Wasserstand durch die künstliche Bewässerung garantiert, während sonst der natürliche Regenfall die Bassins füllt. In tropischen und subtropischen Ländern können bei Bewässerung mehrere Kulturen im Jahr erfolgen und somit sehr hohe Erträge je Hektare erzielt werden, während der Regenfeldanbau vor allem den Verhältnissen der asiatischen Monsun-Länder angepasst ist.

Tiefwasserreis

Dieser Reis ist in der Lage, bei Überschwemmungen schnell in die Länge zu wachsen. Er kann in bis zu 6 Meter tiefem Wasser gedeihen. Sein Hauptanbaugebiet liegt in den Überschwemmungsgebieten von Ganges und Brahmaputra sowie im Inland-Delta des Nigers.

1
Der Fluss Niger überschwemmt im Sommer ein Gebiet von der Grösse der Schweiz, das mit Reis eingesät wird. Zuviel oder zu wenig Wasser entscheiden über Wohlergehen oder Hunger in Mali.

2
In künstlich bewässerten Feldern herrschen optimale Wachstumsbedingungen und mehrere Ernten pro Jahr sind möglich (Philippinen).

1

2

Ein Geschenk der Götter

In der asiatischen Mythologie gilt die Reispflanze auch heute noch als Symbol von Glück, Überfluss, Fruchtbarkeit, Macht, Ruhm und Unsterblichkeit. Nicht von ungefähr ist daraus ein in der ganzen Welt bekannter Brauch entstanden: Es soll der Braut Glück bringen, wenn sie bei der Hochzeit mit Reis beworfen wird.
In Asien hat der Reis nicht nur einen großen Einfluss auf die Ernährung, sondern auch auf das Leben und die Kultur ganzer Völker. Davon zeugen unzählige Sagen und Legenden, religiöse Bräuche und Rituale, wie der nachfolgende Tour d'horizon zeigt.

China
Vor langer Zeit lebten in China zwei Prinzen. Der ältere war ein mutiger Krieger. Er ging auf Eroberungszüge und bald gehörte ihm die halbe Welt. Der jüngere Bruder dagegen lehrte die Menschen, Reis zu pflanzen und zu ernten. Der ältere lachte ihn aus: «Wie sollen unsere Nachkommen dein Andenken ehren, wenn du keine Ruhmestaten vorweisen kannst und weder Ländereien noch Reichtümer gesammelt hast?» Der jüngere Bruder antwortete ihm: «Mir genügt es, wenn man sich an mich als den Prinzen ‹Reiskorn› erinnert.» Als sie, wie vereinbart, tausend Jahre später wieder auf die Erde kamen, um zu prüfen, an wen sich die Menschen noch erinnerten, da war das Siegesschwert des älteren verrostet, sein Reich zerfallen und niemand erinnerte sich mehr an ihn. Der Reis aber wuchs noch immer auf den Feldern und verkündete den Ruhm des Prinzen «Reiskorn».

Indien
Gott Shiva warb um Retna Dumila, ein wunderschönes Mädchen aus dem Volk. Doch dieses wollte den Gott erst heiraten, wenn er eine Speise gefunden hatte, die jedermann jederzeit essen kann, ohne dass er ihrer überdrüssig wird. Der Gott suchte und suchte, doch das Mädchen starb, ehe er das Gewünschte gefunden hatte. Auf ihrem Grab aber spross eine Pflanze mit Rispen, an denen wohlschmeckende Körner wuchsen: Reis. Damit wurde den Menschen das Nahrungsmittel geschenkt, das jedermann jederzeit essen kann, ohne ihm überdrüssig zu werden.

Thailand
Alles Leben begann, als sich der Himmel in die Erde verliebte. Als er sich über seine Geliebte beugte, um sie zu küssen, fielen ein paar Getreidekörner aus seiner Tasche. Sie begannen zu wachsen und dienten fortan den Menschen als Nahrung.
Dieses Geschenk des Himmels schlägt sich in Thailand sogar im Sprachgebrauch nieder: «Essen» wird beispielsweise mit «Reis essen» übersetzt. Und wenn sie sich begrüssen, erkundigt sich der Thai nicht etwa nach dem Wohlbefinden, sondern fragt: «Hast du schon Reis gegessen?» Und in Bangkok wird die Saison des Reispflanzens durch den König höchstpersönlich mit der traditionellen Pflugzeremonie eröffnet.

Vietnam
Im Goldenen Zeitalter schenkten die Götter den Menschen den Reis. Dieser kam in Form einer großen Kugel vom Himmel in die Dörfer am großen Flussdelta und niemand musste sich um die Aussaat und die Ernte kümmern. Doch um zu zeigen, dass der Reis willkommen war, mussten die Menschen beten, Räucherwerk abbrennen und Haus und Hof ordentlich und sauber halten. Die paradiesischen Zeiten hatten ein Ende, als eine nachlässige Hausfrau nicht rechtzeitig fertig wurde mit den Vorbereitungen. Als sie den Reis kommen sah, ergriff sie einen Besen und schlug aufgeregt auf den Reisball ein. Dieser zersprang in tausend Stücke und von diesem Tag an mussten die Menschen den Reis selber anbauen.

1
Ein kleines Opfer am Feldrand soll balinesische Götter wohlgesinnt stimmen ...

2
... und auf dem Feld-Altar werden täglich neue Blumen hingelegt.

1

2

Genbank mit über 100 000 Reisvarietäten

Viele Reissorten sind durch natürliche Kreuzung entstanden. Seit Jahrzehnten wird auch im Labor an neuen Reiszüchtungen gearbeitet. In der Reis-Genbank des International Rice Research Instituts (IRRI) auf den Philippinen werden in einer Tiefkühl-Genbank mehr als 100 000 Reissorten in hermetisch verschlossenen Aludosen gelagert.

1

Anbau, Ernte, Ökosysteme und Zuchtformen

Der Reisanbau ist sehr arbeitsintensiv. In Asien, wo Handarbeit noch weit verbreitet ist, rechnet man mit einem jährlichen Arbeitsaufwand von mehr als 150 Tagen je Hektar.

Nassreis aus Asien

Zum Wachsen benötigt der Reis viel Feuchtigkeit und auch Wärme. Vom Pflanzen bis zur Ernte dauert es 100 bis 250 Tage (alte Sorten) bzw. 90 bis 150 Tage (moderne Sorten). Während dieser Zeit müssen die von den Dämmen umgebenen Felder unter Wasser stehen.

Das Saatgut

Bei kleinbäuerlichen Strukturen durchstreifen die Bauern ihre Felder kurz vor der Haupternte und schneiden die größten und gesündesten Rispen, die sie trocknen und sorgfältig für die nächste Pflanzung aufbewahren.

Die Wahl der richtigen Reissorte

Die Sorte hat einen großen Einfluss auf den Ertrag. Sie muss widerstandsfähig gegen Schädlinge und Krankheiten sein und auf die örtlichen Klimabedingungen und die Bodenbeschaffenheit abgestimmt sein. Wichtig sind selbstverständlich auch der Geschmack und die Kocheigenschaft des Korns.

Die Anzucht der Setzlinge

Bei der Nassbeet-Methode wird das Saatgut 1 bis 2 Tage in klarem sauberem Wasser eingeweicht, bevor es in ein sorgfältig vorbereitetes humoses Saatbeet ausgesät wird. Nach 2 bis 3 Tagen wird das Feld bewässert. Die Wassertiefe beträgt zuerst 2 cm und wird, dem Wachstum der Pflanze angepasst, nach und nach auf 5 cm erhöht. In den ersten 21 bis 26 Tage ist die Pflege der Setzlinge sehr intensiv, und die Entwicklung muss genau beobachtet werden.

Die Vorbereitung des Reisfeldes

Die Reisstoppeln der vorherigen Pflanzung müssen untergepflügt werden. Auch Schädlinge wie Nagetiere, Schnecken und Insekten gilt es zu bekämpfen. Es gilt, die 40 bis 60 cm hohen Dämme auszubessern. Nun wird der Boden in regelmäßigen Intervallen überschwemmt und wieder

1
Ein Schatz von unbezahlbarem Wert, die biologische Vielfalt der IRRI-Genbank, tiefgekühlt und erdbebensicher (Philippinen).

2

3

4

2
Direktsaat mit vorgekeimten Reiskörnern (Vietnam).

3
Pflügen und Glattstreichen der Reisterrassen mit Wasserbüffel oder Ochsen (Indonesien).

4
Frauen lösen die Setzlinge sorgfältig aus den Saatbeeten (Philippinen).

1

2

bearbeitet. Kurz vor der Pflanzung wird organischer oder anorganischer Dünger ausgebracht und in den Boden eingearbeitet. Die Vorbereitungen werden mit der Planierung des Feldes kurz vor Pflanzung abgeschlossen.

Die Setzlinge

Die Pflanzen werden in einem Abstand von 20 x 20 cm in die mit Wasser gesättigten Felder gesetzt, sobald sie etwa 25 cm hoch sind. Damit sie gut gedeihen, benötigen sie einen Wasserstand von bis zu 10 cm. Wenn alles stimmt, wachsen die Pflanzen schnell an. Das erhöht ihre Widerstandskraft. Bei den regelmäßigen Kontrollen wird gejätet und abgestorbene Setzlinge werden ersetzt.

Nützlinge und Schädlinge

Weltweit wird ein Viertel der Reisernte durch Insektenbefall vernichtet. Untersuchungen zeigen, dass ein Reisfeld von rund 500 Insekten- und Spinnenarten bevölkert ist. Obwohl nur ein kleiner Teil davon Schäden an den Kulturen anrichtet, kann dies bei einem massierten Auftreten verheerende Folgen haben. Besonders gefürchtet ist der Stängelbohrer, der sich im Larvenstadium in den Stängel hineinfrisst und die Zufuhr von Nährstoffen unterbindet. Lange Zeit hat man Wasservögel, die sich in den kultivierten Feuchtgebieten wohl fühlen, auch als Schädlinge angesehen. Die Bauern waren der Meinung, dass sie sich an den Reiskulturen gütlich täten. Inzwischen weiß man, dass der Nutzen wechselseitig ist: Wenn die Felder unter Wasser stehen, finden die Watvögel reiche Nahrung und tragen damit zur Dezimierung der Reisschädlinge bei. Ihre Futtersuche in der sumpfigen Erde hat einen zusätzlichen Effekt: Das Reisstroh verrottet rascher und das Unkrautwachstum wird in der folgenden Saison um bis zu 50 % reduziert.

Die Bewässerung

3 Tage nach dem Pflanzen der Setzlinge wird zusätzliches Wasser ins Feld geleitet. Anfangs muss der Wasserstand ungefähr 2 cm betragen, dann wird er nach und nach auf 3 bis 5 cm erhöht. Bis zur Reife der Körner erreicht er maximal 10 cm. Vor allem in den ersten 10 Tagen, wenn die Setzlinge noch sehr zart sind, hat das Wasser eine Zusatzfunktion: Es unterdrückt den Wuchs von Unkraut. Je nach örtlichen Gegebenheiten wird die Wasserzufuhr anders sichergestellt. In den höher gelegenen Regionen werden Regenwasser-Teiche angelegt. In den Niederungen wird Flutwasser oder durch Strombrecher abgeleitetes Flusswasser durch Dämme zurückgehalten. An einigen

3

4

Orten wird das Wasser auch in Reservoirs gesammelt und über ein ausgeklügeltes Kanal- und Tunnelsystem auf die Felder geleitet.

Die Düngung

Bis zur Blütezeit wird seitlich der Reispflanze regelmäßig Dünger eingearbeitet. Die Menge muss sorgfältig dosiert sein, damit sich das Korngewicht erhöht. Wird zuviel Dünger zugeführt, beschleunigt dies zwar das Wachstum der Halme, beinträchtigt aber deren Standvermögen und knickt sie.

Die Ernte

Nach 3 (moderne Sorten) bis 8 Monaten (alte Sorten), ist der Reis erntereif. 2 bis 3 Wochen vor der Reife wird das Wasser aus dem Feld abgeleitet. Geschnitten wird der Reis, wenn die Körner an der Spitze hart und goldgelb sind. Entweder wird nur die reife Rispe oder der ganze Halm geerntet. Um die Getreideverluste möglichst klein zu halten und die Qualität des Kornes zu steigern, wird bereits auf dem Feld gedroschen. Der Reis umgehend getrocknet und gereinigt. Damit der Rohreis, auch Paddy genannt, lagerfähig ist, darf er nicht mehr als 12 bis 14 % Feuchtigkeit enthalten, sonst beginnt er zu gären und verdirbt.

1
Am Joch trägt ein indonesischer Bauer die Setzling-Bündel zu den vorbereiteten Feldern.

2
Der Reisstängelbohrer ist ein gefürchteter Schädling.

3
Oft muss Wasser von Flüssen auf die Terrassen gehoben werden. Dazu dienen seit Jahrhunderten Wasserräder (Vietnam).

4
Ernte mit der Sichel (Vietnam).

Tiefwasserreis aus Asien und Afrika

Diese Reissorten wachsen in Wassertiefen, auf die der Mensch nur begrenzt Einfluss nehmen kann. Der schwimmende Reis verfügt über ein spezielles Stützwurzelsystem und erreicht Halmlängen von bis zu 6 Meter. Vor Überflutung schützt er sich, indem er bis zu 10 cm im Tag wächst. Kurzzeitige Überflutung, 4 Tage bei älteren, bis 10 Tage bei neueren Züchtungen, übersteht er schadlos. Diese Anbaumethode stellt an den Reis wegen der Wassertiefe, der Wasser- und Bodenqualität (saurer Boden), der Salztoleranz und plötzlich einbrechender Fluten hohe Anforderungen, zudem ist der Ernteertrag gering.

Regenabhängiger Niederungsreis aus Asien

Der sogenannte Sumpfreis wächst ähnlich wie der Tiefwasserreis in eingedämmten Feldern und steht nur kurzzeitig im Wasser. Widerstandsfähigkeit gegen Witterungsschwankungen wie Dürre oder Überflutung sind die typischen Merkmale dieser Anbaumethode. Der Ertrag ist nicht sehr groß.

Trockenreis aus Asien

Hochland- oder Bergreis gedeiht auf nährstoffarmen, schweren Böden. Gleich wie der Niederungsreis ist auch dieser Reis während der Vegetationszeit auf Regen angewiesen. Er wird auf brandgerodetem Land angebaut und steht oft in Mischkulturen mit Mais oder Gemüse. Die Körner werden direkt in den trockenen und gehackten Boden gesät. Meist sind die Felder nicht eingedämmt. Schlechte Bodenqualität, lange Trockenzeiten oder zu viel Regen, aber auch starkes Unkrautaufkommen können den Ertrag um 30 bis 100 % reduzieren.

Nassreis aus Europa

In Frankreich, Italien und Spanien wird mit modernsten Maschinen Nassreis angebaut.
Italien gilt als größter Reisproduzent in Europa. Hier werden alle drei asiatsichen Sorten angebaut, nämlich Japonica, Indica und Javanica. Als Reiskammer gilt das Piemont mit einer Anbaufläche von 120 000 ha und einem Ertrag von etwa 600 000 Tonnen.
Das Pendant in Frankreich ist die Camargue – ein Drittel des Pro-Kopf-Verbrauchs stammt aus dieser Gegend.
Der rote Camargue-Reis hat sich zur gefragten Spezialität entwickelt und ist zumeist auch in Bioqualität erhältlich.

Nassreis aus den USA

Arkansas ist heute der größte Reisproduzent in den USA, gefolgt von Louisiana, Kalifornien, Texas, Mississippi und Missouri. Die Dämme zur Begrenzung der Reisfelder werden mit Spezialgeräten aufgeschüttet. Die riesigen Flächen werden anschließend mit Maschinen, die über modernste Lasertechnik verfügen, millimetergenau planiert. Dann wird das vorgequollene Saatgut mit Flugzeugen in die druchtränkten Felder gesät. Geerntet wird mit mächtigen, gestaffelt fahrenden Spezial-Mähdreschern. Obwohl der Reisanbau in den USA noch relativ jung ist, verfügt das Land über die fortschrittlichsten Methoden bezüglich Anbau und Verarbeitung.

In tieferem Wasser geschieht die Pflege der natürlich überfluteten Reisfelder vom Boot aus (Mali).

Nutzen und Problematik des Reisanbaus

Europa

Ein gutes Beispiel ist der Camargue-Reis. Er fühlt sich in den salzhaltigen Böden Südfrankreichs wohl und trägt dazu bei, sie zu entsalzen. Nach einer gewissen Zeit gedeihen auf diesen Böden sogar Reben, Obstbäume und Gemüse.

In Spanien zwingt die kritische Wassersituation die Bauern zum Überdenken der Reisproduktion. Zur Bewässerung einer Hektare Reis werden 35 000 Kubikmeter Wasser benötigt. Um den Wasserstand konstant zu halten, wird heute bedeutend mehr Wasser und Energie verbraucht als bei den über Jahrhunderten üblichen Anbaumethoden. Die Verwendung moderner Technologien führen nicht nur zu höheren Produktionskosten, sondern auch zu Umweltschäden, die kaum mehr rückgängig gemacht werden können.

Asien

Biovielfalt Die traditionelle Reisanbaumethode basiert auf einem komplexen Ökosystem, in dem Bodenbakterien, Algen, Fische, Frösche, Spinnen und andere natürliche Schädlingsbekämpfer für ein intaktes Gleichgewicht sorgen. Neue Reissorten und neue Anbaumethoden erhöhen zwar die Produktivität, doch die sensiblen lokalen Ökosysteme erleiden Schaden.

Pestizide Sie belasten den Boden, sie schädigen die Nützlinge und bringen damit das natürliche ökologische Gleichgewicht durcheinander. In der Reisproduktion werden 11 % der global verwendeten Herbizide, 17 % aller Insektizide und 16 % aller Fungizide ausgebracht.

Bodenfruchtbarkeit Der Einsatz von Kunstdünger erhöht zwar die Ernteerträge, beeinträchtigt aber auf Dauer die Bodenfruchtbarkeit.

Nicht erneuerbare Resourcen Eine maßlose Verschwendung von nicht erneuerbaren Ressourcen führt langfristig zwangsläufig zu Problemen. Für die Herstellung der anorganischen Düngemittel werden beispielsweise isolierte Mineralien wie Stickstoff, Phosphorsäure, Kali, Kalk usw. verwendet, der Treibstoff für moderne Maschinen entsteht aus Erdöl. Als Lösung bietet sich der biologische Landbau an, der einen schonenden Umgang mit allen verfügbaren Ressourcen garantiert.

Wasser Bei ausreichend Wasser sind in den bewässerten Systemen doppelte oder dreifache Ernten möglich. In Asien werden 86 % des gesammelten Wassers für den Nassreisanbau verbraucht, was in gewissen Regionen schon heute zu Wasserknappheit führt. Um an Wasser zu sparen, legen chinesische Bauern ihre Felder inzwischen dreimal pro Vegetationsperiode trocken, und zwar ohne Nachteil für die Pflanzen. Im Gegenteil, die Trockenlegung regt den Reis zur verstärkten Wurzelbildung an. Dies führt zu einer besseren Nutzung des aus verrottetem organischem Material entstandenen Stickstoffdüngers. Wurzelmasse hilft mit, die Erde besser zu durchlüften und die Lebensbedingungen der Mikroorganismen zu optimieren. Zudem wird durch das Zusammenspiel dieser Faktoren die Methangas-Produktion verringert.

Methan-Emissionen Nach Berechnung von Klimaforschern ist die Landwirtschaft zu rund 25 % am weltweiten Ausstoß von Methangas beteiligt. Ungefähr ein Drittel stammt aus dem Reisanbau. Methangas, eines der drei gefährlichsten Treibhausgase, entsteht bei Verrottung von Biomasse.

Soziale Komponenten Im asiatischen Raum sind rund 250 Millionen kleine Bauernbetriebe im Reisanbau tätig. Das Überleben der Menschen hängt überwiegend vom Reis als Grundnahrungsmittel ab und vom Erlös, den sie damit erzielen. Wichtig ist auch die soziale Stärkung der Frauen, die den Löwenanteil der Arbeiten verrichten. Zudem müssen die gesundheitlichen und die allgemeinen Bedingungen der Dorfgemeinschaften verbessert werden. Infolge Kontaminierung mit Pestiziden leiden nämlich viele Reisbäuerinnen an chronischen Gesundheitsproblemen wie Ausschlägen, Hautkrankheiten und Verätzung der Atemwege. Durch einseitige Ernährung werden auch Mangelkrankheiten begünstigt.

1

2

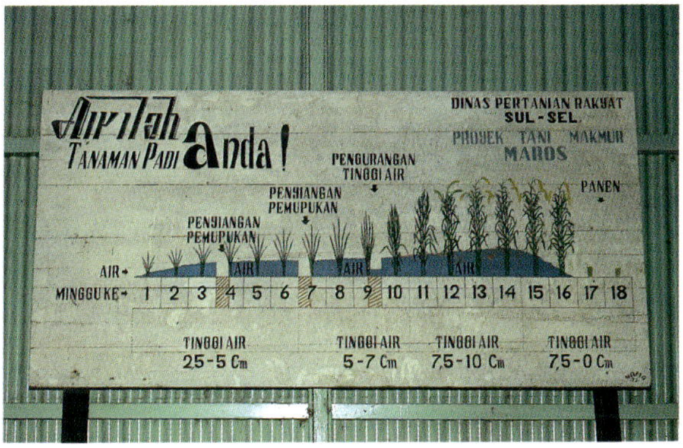

3

4

1
Wichtigste Gen-Spender-Sorten für Züchtungen (IRRI, Philippinen).

2
Der Reisanbau greift nicht unbeträchtlich in den Welt-CO_2 und -Methan-Haushalt ein und hat damit Einfluss auf die Klimaentwicklung (IRRI, Philippinen).

3
Ideale Wassertiefe und kurze Bewässerungspausen lassen kräftige Pflanzen heranwachsen (Sulawesi).

4
Die Züchtung von resistenten Hochertragssorten kann den Einsatz von Herbiziden, Pestiziden und Fungiziden stark reduzieren (Philippinen).

Reis als Wirtschaftsfaktor

Schädlingsresistente Reissorten Immer mehr setzt sich auch im Reisanbau die integrierte Produktion durch. Der Verzicht auf eine vorbeugende, flächendeckende, oft sogar unnötige Schädlingsbekämpfung senkt nicht nur die Kosten, sie wirkt sich auch positiv auf die Gesundheit der Reisbauern aus.
Angesichts der Bevölkerungsexplosion und weil die Entwicklung von neuen Reissorten ein erhebliches wirtschaftliches Potenzial verspricht, versuchen Agro-Wissenschafter auf der ganzen Welt schon seit langem, schädlingsresistente Varietäten zu züchten. Zwar konnten die Genome des Reises detailliert aufgeschlüsselt werden. Das trug dazu bei, dass gezielte Versuche im Rahmen der konventionellen Kreuzungsmethoden zu neuen, teils erfolgversprechenden Züchtungen führten.
Beim transgenen Reis dagegen werden artfremde Gene eingeschleust, welche die Pflanzen widerstandsfähig gegen Insektenschädlinge oder durch Viren ausgelöste Krankheiten machen sollen. Die Agro-Wissenschafter halten die Risiken von genmanipuliertem Reis für berechenbar. Umweltverbände und namhafte Experten warnen vor den Folgen des großflächigen Genreis-Anbaus, weil sämtliche Auswirkungen der Schädlingsresistenz oder der Auskreuzungen mit wilden Reissorten unvoraussehbar sind.

Vom Paddy zum weißen Reis

Auf dem asiatischen Kontinent ernährten sich die Menschen jahrtausendelang fast ausschließlich von Naturreis/Vollkornreis. Doch schon zu Lebzeiten von Konfuzius galt der weiße Reis als Statussymbol der reichen Oberschicht.

Rohreis oder Paddy

Gedroschene, getrocknete Körner, die noch von der ungenießbaren Spelze umgeben sind, nennt man Rohreis. In dieser Form ist er vor Schädlingen geschützt und kann auch als Saatgut verwendet werden.

Halbrohreis oder Vollreis/Naturreis oder Cargo Rice

Auch heute noch wird der Reis vielerorts gestampft, um das Korn zu entspelzen. Auf großen Betrieben wird diese Arbeit aber von Maschinen erledigt. Durch die sanfte Reibung zwischen zwei Gummiwalzen lösen sich die harten Teile vom Korn (die Spelze macht 20 bis 25 % des Gesamtgewichts aus). Der gereinigte und sortierte Reis wird nun für den Export abgefüllt. Erst im Einfuhrland wird er normalerweise weiterverarbeitet.

Weißer Reis/geschälter Reis

Beim Schleifen des Kornes werden Silberhäutchen und Keimling entfernt. Die beiden nährstoffreichen Abfallprodukte werden für diverse Produkte weiterverwertet – aus den Keimlingen wird beispielsweise ein delikates Speiseöl gewonnen.
Das von den Amerikanern entwickelte Schleifverfahren kennt man erst seit etwa 200 Jahren. In den wasserbetriebenen Reismühlen wurde die vitalstoffreiche Randschicht großzügig abgeschliffen und der fetthaltige Keimling (Embryo) entfernt. Dank diesem Verfahren kann der Reis länger gelagert werden, was vor allem in tropischen Regionen von Vorteil ist. Durch das Schälen reduziert sich aber leider auch der Anteil an Vitaminen und Mineralstoffen um 50 bis 90 %. Das führte bei den Menschen, die sich mehrheitlich von Reis ernähren müssen, zu gravierenden Mangelerscheinungen.
Polierter Reis entsteht, wenn die Schleifspuren in einem weiteren Arbeitsgang entfernt werden. Wenn geschliffener Reis mit Talkum (Magnesiumsilikat) und einer 50 %-igen Glukoselösung behandelt worden ist, spricht man von glasiertem Reis.

Parboiled-Reis

Um die gesundheitlichen Nachteile von weißem Reis zu reduzieren, entwickelten zuerst die Vietnamesen und nach dem Zweiten Weltkrieg auch die Amerikaner das Parboiling-Verfahren (vorkochen). Dabei wird dem Rohreis unter Vakuum zuerst die Luft entzogen. Anschließend werden die Körner in lauwarmem Wasser eingeweicht; die im Silberhäutchen und im Keimling enthaltenen wertvollen Nährstoffe lösen sich. Sie werden mit Wasserdampf und unter hohem Druck wieder ins Innere des Reiskorns gepresst. Mittels Dampfwäsche wird die Oberfläche versiegelt. Silberhäutchen und Keimling werden nach dem Trocknen entfernt. Bei diesem Verfahren ist der Verlust an Vitaminen und Mineralstoffen sehr gering.
Dem Reiskorn fehlen allerdings die verdauungsfördernden Randschichten und der Keimling. 20 % der Welternte werden zu Parboiled-Reis verarbeitet. Dieser Reis ist gut lagerfähig und bleibt beim Kochen körnig-locker. Das leicht gelbliche Korn wird beim Kochen weiß.

Neue resistentere Zuchtlinien werden im Labor mit verschiedensten Krankheiten und Schädlingen sowie Stressfaktoren konfrontiert und danach beurteilt, IRRI (Philippinen).

Reissorten

Drei Grundtypen

Von den unzähligen Reis-Varietäten sind nur ein paar wenige im Handel erhältlich. Sie unterscheiden sich in Form, Größe, Qualität und Geschmack.

Langkorn (1)
über 6 mm lang; langes, schmales Korn

Mittelkorn (2)
5,2 bis 6 mm lang; breites, langes Korn

Rundkorn (3)
5 bis 5,2 mm lang; kurzes, gedrungenes Korn

Wildreis (Manomin)
(gehört nicht zur Reis-Familie)
1,5 cm lang; dunkelbraunes bis schwarzes Korn, an den Enden spitz zulaufend

Langkorn-, Mittelkorn- und Rundkorn-Naturreis/Vollreis (ungeschält)
Das Korn verfügt noch über das Silberhäutchen und den Keimling. Es zählt damit zu den gehaltvollsten Reissorten. Lang- und Mittelkornreis kann als Quell- oder als Risottoreis und Rundkornreis für Risotto und Milchreis verwendet werden.

1

3

2

Langkornreis (geschält)
Das Korn ist lang und schlank, der Stärkekern hart und glasig. Beim Kochen bleibt der Reis körnig und locker. Er findet hauptsächlich Verwendung als Wasser-/Trocken-, Quell- (Absorptionsmethode) oder Dampfreis.

Parfümreis- und Basmatireis (Langkorn, geschält)
Fruchtbare, mineralhaltige Böden Thailands und im Norden Indiens geben diesem besonderen Reis sein gewürzähnliches, exotisch-königliches Aroma. Duft- oder Parfümreis ist ein reines Naturprodukt und wird nicht etwa mit ätherischem Öl behandelt. Der Parfümreis klebt beim Kochen nicht zusammen und bleibt körnig. Ideal für Quell- und Trockenreis.

Mittelkornreis (geschält)
Dickes, längliches Korn mit weichem Kern. Dieser Reistyp nimmt beim Kochen mehr Flüssigkeit auf als der Langkornreis und gibt mehr Stärke ab.
Sorten wie Semifino, Fino, Superfino aus Italien unterscheiden sich in Länge und Qualität des Kornes. Ideal für Risotto.

Rundkornreis (geschält)
Gedrungenes, rundliches Korn mit weichem Kern. Ideal für Desserts/Süßspeisen und auch Risotto. Die Stärke verleiht den Gerichten eine sämige Konsistenz. Die bei uns bekannten Sorten Arborio, Carnaroli und Originario kommen aus Italien.
In der asiatischen Küche haben Calrose (Mochireis) und Uruchi-Reis (Sushi-Reis) einen wichtigen Platz.

Schwarzer Klebereis

Dieser schwarze, süße Reis ist eigentlich granatrot. Seine Farbe erhält er durch leichtes Rösten der Körner. Das volle, erdige Aroma harmoniert ausgezeichnet mit Palm- oder Kokoszucker, Kokosnuss, Kokosnussmilch und Pandanuss. Schwarzer und wilder süßer Reis werden mehrheitlich für Süßspeisen/Desserts verwendet. Schwarzer Klebereis wird in Laos, Kambodscha, Vietnam und Thailand angepflanzt, wo er ein Grundnahrungsmittel ist.

Weißer Klebereis

Der Klebereis, auch Süßer Reis genannt, stammt ursprünglich aus Japan und wird heute auch in den USA angebaut. Das Korn kann gedrungen und rund, oder schmal und länglich sein. Die Körner kleben stark zusammen und eignen sich deshalb ausgezeichnet für Milchreis, Süßspeisen/Desserts und Aufläufe. In der asiatischen Küche wird er für Füllungen, Beilagen, Gebäck und Desserts und vieles mehr verwendet.

Roter Reis (Camargue-Reis)
Das lange bis mittellange Korn ist von bräunlich-roter Farbe. Es ist das Produkt einer natürlichen Mutation. Roter Reis wird ausschließlich in den Feuchtgebieten der Camargue in Frankreich angebaut. Die rote Farbe befindet sich in dem das Korn umschließenden Häutchen. Der Reis wird poliert, aber nicht geschält. Nach dem Kochen ist er leicht klebrig, bleibt aber bissfest und hat ein feines Aroma mit leicht erdigem Geschmack. Ähnliche Arten sind in Westafrika (Oryza glaberrina), in Goa und einigen Gegenden der USA heimisch.

Wildreis
Jahrhunderte lang war der Wildreis (Zizania) eines der wichtigsten Grundnahrungsmittel einiger Indianerstämme in Nordamerika. Der Name ist irreführend, denn der Wildreis gehört nicht zur Reis-Familie (Oryza sativa). Wildreis war bei uns bis vor wenigen Jahre ein Geheimtipp, weil er schwer zu beschaffen und entsprechend teuer war. Was heute in den Lebensmittelgeschäften zu erschwinglichen Preisen angeboten wird, ist kommerziell angebauter Wildreis.

Powerpack in harter Schale

Das Reiskorn ist von einer harten, kieselhaltigen Schale, der sogenannten Spelze, umgeben. Unmittelbar darunter liegt eine zweite mehrschichtige Schale: das Silberhäutchen. Es umschließt den stärkehaltigen Kern des Reiskornes. Der Keimling (Embryo) sitzt am Ende des Kornes. Beim Schälen des Reiskorns gehen wertvolle Substanzen in den Randschichten und im Keimling verloren. Kalzium, Kalium, Natrium, Mangan, Eisen, Kobalt, Zink und Phosphor sind in den Randschichten und im Keimling reichlich und zudem in einer besonders günstigen Kombination vorhanden. Die Mineralstoffe beeinflussen Wachstum, Zellerneuerung sowie Regulationsmechanismen im Blut und in den Nieren. Besonders wertvoll sind die B-Vitamine für das Nervensystem und die Konzentrationsfähigkeit. Nicht im Reiskorn enthalten sind die Vitamine A und C.

Wichtig

Je mehr der Reis raffiniert (geschält/poliert) wird, desto weniger wertvolle Inhaltsstoffe enthält er. Eine Ausnahme macht das Parboiled-Verfahren: Mindestens 80 % der im Vollreis/Naturreis enthaltenen Nährstoffe bleiben erhalten.

Vitamine stark vertreten

Vitamin B_1

Thiamin in seiner aktiven Form ist wichtig für die Energieproduktion. Vitamin B_1 befindet sich in den Zellen der Nervenstränge und ist an der Übermittlung von Nervenimpulsen ans Gehirn beteiligt.

Vitamin B_2

Riboflavin spielt eine wichtige Rolle im Kohlenhydrat-, Fettsäuren- und Protein-/Eiweißstoffwechsel in den Zellen. Es ist für das Wachstum und die Ernährung des Gewebes wichtig und schützt vor Oxidation.
Niacin schützt den Körper, besonders die Leber, vor freien Radikalen, es reguliert im Zusammenspiel mit Chrom den Blutzuckerspiegel (Glucosetoleranzfaktor) und fördert die Bildung des gesunden Cholesterins. Niacin ist ein Baustein für über 200 im ganzen Körper aktive Enzyme.

Vitamin B_6

Pyridoxin reguliert den Blutzuckerspiegel und unterstützt die Synthese von Fetten, Proteinen und Neurotransmittern. Es ist unverzichtbar für die Bildung des Hämoglobins und für Sauerstoff-Transport.

Vitamin E

d-Alpha-Tocopherol (das natürliche Vitamin E) ist etwa 2 bis 3 Mal wirkungsvoller als die synthetische Form. Es wirkt als Antioxidans für fettähnliche Stoffe und ungesättigte Fettsäuren. Die gleiche Wirkung hat Vitamin E auf Hormone, die in der Hirnanhangdrüse, den Nebennieren und in den Geschlechtsdrüsen vorkommen, sowie auf verschiedene Vitamine. Zudem verlangsamt es den Blutgerinnungsprozess.

Mineralstoffe im vollen Korn

Magnesium – schont Herz und Nerven
Das Magnesium gilt als Antistress-Mineral. Die 157 mg Magnesium, die in 100 g Reis enthalten sind, decken den Tagesbedarf der Frau gut zur Hälfte, jenen des Mannes knapp zur Hälfte.

Kalium – reguliert den Wasserhaushalt
Kalium ist hauptsächlich in der Zellflüssigkeit enthalten. Es ist wichtig für den Wasserhaushalt, die Kontraktion von Muskeln, das Säure-Basen-Gleichgewicht und die Weiterleitung von Nervenreizen und hält zudem die elektrische Spannung an den Zellmembranen aufrecht.

Phosphor – für Knochen und Zähne
Phosphor ist ein Nukleinsäuren-Baustein. Es überträgt und vermittelt genetische Informationen. An Kalzium gebunden, ist Phosphor am Aufbau von Knochen und Zähnen beteiligt. Die Energiegewinnung und -verwertung des Organismus ist ebenfalls davon abhängig.

Eisen – unverzichtbar für die Blutbildung
Eisen ist Bestandteil des Hämoglobins. Es erfüllt eine wichtige Aufgabe beim Sauerstoff-Transport. Zudem hat es im Energiestoffwechsel und in der Regulierung der Sauerstoffradikale eine wichtige Funktion.

Fluor – kommt selten in natürlicher Form vor
Fluor hat eine antikariogene Wirkung. Es wird vermutet, dass Fluor beim Erwachsenen an der Erhaltung der Skelettstruktur beteiligt ist. In natürlicher Form kommt es in Reis, Meerfisch, Fleisch, Ei und Schwarztee vor.

Mangan – das Spurenelement fehlt häufig
Mangan ist ein wichtiger Enzymbaustein und hat damit eine wichtige Funktion beim Glukose- und Fettaufbau, im Cholesterin und in der Sexualhormon-Synthese sowie als antioxidativer Schutz, beim Histaminabbau und bei der Kollagenbildung usw. Mangan unterstützt auch die Blutgerinnung.

Reis ist rundherum gesund

Verdauung
Ungeschälter Reis (Vollreis/Naturreis) ist reich an Faserstoffen, welche die Darmperistaltik sanft anregen und die Ausscheidung über den Dickdarm fördern. Reisschleim ist ein altbekanntes Hausmittel, er beruhigt nicht nur den Darm, er stoppt auch Durchfall.

Blutdruck
Der hohe Kaliumgehalt des Reiskorns hat einen günstigen Einfluss bei hohem Blutdruck. Und im Zusammenspiel mit dem Natrium regelt Kalium zudem den Wasserhaushalt und steuert den osmotischen Druck. Nicht zuletzt hängen die zellulären Enzymsysteme vom Kalium-Haushalt ab.

Cholesterin
Der Reis ist nahezu cholesterinfrei. Zu viel ungünstiges Cholesterin im Blut lagert sich an den Blutgefäßwänden ab und behindert damit den Blutfluss.

Schlanke Linie
Der Reis ist reich an Stärke und arm an Fett. Er enthält durchschnittlich 75 % komplexe Kohlenhydrate. Lebensmittel mit viel Stärke sind voluminöser als Fleisch oder Fisch. Da der Organismus komplexe Kohlenhydrate nur sehr langsam aufnimmt, dauert die Sättigung länger als beispielsweise bei Fett, das bei gleicher Menge doppelt so viele Kalorien enthält. 100 g gekochter Reis hat nur 109 kcal / 458 kJ, ideal für eine Schlankheitsdiät.

Allergien
Reis zählt zu den allergenarmen Lebensmitteln. Menschen, die allergisch auf Nahrungsmittel reagieren, können mit Reis als Basiskost allfällige Unverträglichkeiten ausgleichen. Reis ist auch als Baby-Nahrung sehr bekömmlich.

Frei von Gluten
Reis ist ein guter Getreideersatz für Menschen, die an einer Unverträglichkeit von Klebereiweiß leiden (Zöliakie bzw. Sprue), das in Weizen, Roggen, Gerste und Hafer vorkommt.

Vielseitig nutzbar

Reismehl

Das Mehl entsteht durch das Mahlen ungeschälter oder polierter Körner. Der Mahlvorgang ist ähnlich wie bei anderen Getreidesorten, nur dass der Reis feiner gemahlen wird. Reismehl enthält viel Stärke, aber kaum Klebereiweiß. Deshalb ist es nicht backfähig. Im Gegensatz zu dem im Brotgetreide enthaltenen Eiweiß kann dasjenige im Reis kein netzartiges Gerüst aufbauen. Das ist der Grund, weshalb Reisgebäck nicht aufgeht und nur kleine Poren aufweist.
Reisstärke eignet sich vor allem zum Binden von Suppen, Saucen und Desserts. Da sie leicht verdaulich ist, wird sie auch in der Diätküche verwendet und es wird daraus Babynahrung hergestellt. Sie ist auch Bestandteil von Kosmetikpuder.

Reispapierblätter

Ausgangsprodukt ist Reismehl. Man kennt die hauchdünnen Blätter vor allem als Hüllen der beliebten Frühlingsrollen. Vor der Verarbeitung müssen sie eingeweicht werden, nur so lassen sie sich rollen. Wichtig ist, die Reispapierblätter zum richtigen Zeitpunkt aus dem Wasser zu nehmen. Wenn sie zu trocken sind, brechen sie beim Aufrollen. Und wenn sie zu weich, verlieren sie an Spannkraft und reißen.

Reisnudeln

Das Angebot in den Asienläden reicht von zentimeterbreiten Bandnudeln bis zu den haarfeinen Suppennudeln. Getrocknete Reisnudeln sind glasig, fast transparent und spröde. Im trockenen Zustand sind sie leicht mit Glasnudeln zu verwechseln, welche aus gemahlenen Mungobohnen hergestellt werden. Nach dem Kochen haben die Reisnudeln jedoch wieder die milchigweiße Farbe von poliertem Reis.

Reispapierblätter, bunt gefärbt mit Lebensmittelfarben dekorieren die Häuser in Lucban, Philippinen, anlässlich des Erntedankfestes.

In Europa sind vorwiegend getrocknete Reisnudeln im Angebot. Die Zubereitung ist einfach: Sie werden einige Minuten in sprudelndem Wasser gekocht oder mit kochendem Wasser übergossen und während etwa 10 Minuten stehen gelassen. Damit sie nicht zusammenkleben, werden sie anschließend mit kaltem Wasser abgespült. Ideal als Suppeneinlage oder für pfannengerührte Gerichte.

Reiswaffeln

Der Vollreis/Naturreis wird auf 260 °C erhitzt. Dabei platzen die Körner und kleben aneinander. Noch warm, lassen sie sich in Formen pressen. Waffeln sind luftigleicht und knusprig und haben ein leichtes Röstaroma.

Mochi

Das japanische Neujahrsfest ist ohne die gepressten Reiskuchen undenkbar. Sie werden aus süßem Reis hergestellt, der unter Dampf gegart, fein zerstampft, getrocknet, zu kleinen Riegeln gepresst und anschließend vakuumiert wird. Am besten schmecken sie gebacken oder frittiert, wobei die Reiskörner platzen. Mochi wird mit Honig, Sojasauce oder Dipsaucen serviert.

Reiscrackers

Bei den Japanern sind die Crackers Ersatz für unsere Salzstangen und Kartoffelchips. Das leichte Gebäck wird mit Norialgen pikant abgeschmeckt und mit Chili, Sojasauce oder schwarzem Sesam gewürzt.

Reisnudeln auf einem Dorfmarkt in Yünan (China).

Reisflocken
Die Reiskörner werden gedämpft und gewalzt oder auch gequetscht. Die knusprigen oder hauchzarten Flocken passen ausgezeichnet in Müeslimischungen.

Amazake
Süßmittel. Für seine Herstellung wird gekochter Vollreis/ Naturreis mit einer Pilzkultur angesetzt und für die Fermentation über Nacht an einen warmen Ort gestellt. Ideal zum Süßen von Kuchen und Desserts.

Reisessig
Aus Reiswein destilliert. Die Farbe kann durchsichtig bis fast schwarz sein.
Schwarzer Reisessig ist von kräftigem und malzigem Geschmack. Er wird aus braunem Reis hergestellt und mit Hirseextrakt, Salz und Zucker aromatisiert.
Roter chinesischer Essig ist würzig-süß. Passt zu Meeresfrüchten oder Dips.
Klarer chinesischer Essig wird mit Wasser verdünnt. Er ist sehr mild und wird zum Kochen von süßen und salzigen Gerichten sowie für Pickles verwendet.
Japanischer Reisessig ist von mildem Geschmack. Er wird aus einem Reisweindestillat hergestellt, mit Wasser verdünnt und mit verschiedenen Extrakten wie Weizen, Mais und Sake-Trester aromatisiert. Ideal für Sushi.

Reis-Miso
Hatcho-Miso ist eine aus Sojasauce, Reis sowie Salz hergestellte cremige bis feste Paste aus Japan. Die Mixtur wird mit einer Starterkultur angesetzt und bis zu 1½ Jahren fermentiert. Würzmittel für Dressings (Saucen) und Misosuppen.

Reismilch/Reisdrink
Das Reismehl wird mit Wasser angesetzt. Durch eine enzymatische Reaktion wird die Stärke in Maltose (Doppelzucker) umgewandelt. Die natursüße Reismilch ist ein guter Ersatz bei Milch- oder Milchzucker-Unverträglichkeit (Kuhmilch).

Arrak
Hochprozentiger Reiswein mit etwa 40 Vol.-% Alkohol. Vor allem in Indonesien, Thailand und Sri Lanka bekannt. Wird aus Reis und dem Saft von Palmen hergestellt.

Reisbier
Leicht und bekömmlich, da es weniger Alkohol enthält. Länger haltbar als Gerstenbier.

Reiswein oder Sake
In Japan, Indonesien und China sehr beliebt. Enthält 14 bis 20 Vol.-% Alkohol. Der kräftige, trockene Wein wird in einer Porzellankaraffe auf 40 °C erhitzt und dann serviert. Er kann auch zimmerwarm getrunken werden. An den heißen Tagen genießt man ihn «on the rocks», also eiskalt! Überall dort, wo Reis als Nahrungsmittel eine wichtige Rolle spielt, wird auch Reiswein getrunken. Auf Bali ist es beispielsweise der roséfarbene «Brem» und in China der bernsteinfarbene «Shaoxing».

Mirin
Reiswein mit «nur» 14 Vol.-% Alkohol. Er gibt vielen Speisen eine exotische Note und hinterlässt im Gaumen einen leicht süßlichen Geschmack.

Wertvolle Abfallprodukte
Nicht nur das Korn wird auf vielfältige Weise verarbeitet. Auch die Abfallprodukte werden genutzt: Das Reisstroh wird zum Dachdecken, aber auch zum Flechten von Hüten, Körben und Schuhen verwendet. Aus Kleie und Keimling wird Öl hergestellt, mit dem gekocht werden kann.
Auch Seife kann daraus hergestellt werden. Die Spelzen werden mit Tierfutter gemischt und finden auch als Einstreu im Stall Verwendung. Sie eignen sich ausserdem als Brennmaterial.

Klebereis

Parfümreis

Gedämpfter Klebereis mit Bananen

für 4 Personen als Mahlzeit

250 g Langkorn-Klebe-/Mochireis
½ l ungesüßte Kokosnussmilch
1 Msp Salz
4 EL Zucker
5 kleine Bananen (Fingerbananen), je etwa 10 cm lang
frische Bananenblätter (Thaishop)

1 Den Klebereis in eine Schüssel geben und mit kaltem Wasser vollständig bedecken, 2 bis 3 Stunden quellen lassen, abgießen.

2 Den Klebereis und die Kokosnussmilch aufkochen, unter häufigem Rühren bei schwacher Hitze 5 bis 10 Minuten kochen, bis der Reis die Flüssigkeit aufgenommen hat. In diesem Stadium ist der Reis halb gar. Mit Salz und Zucker würzen. Die Pfanne von der Wärmequelle nehmen, den Klebereis auskühlen lassen.

3 Aus den Bananenblättern 10 Rechtecke von 25 cm x 20 cm Seitenlänge schneiden. 2 Esslöffel des halb gegarten Klebereises auf jedes Rechteck geben, den Reis leicht flach drücken. Bananen schälen und längs halbieren, je eine Hälfte auf den Reis legen, zuerst die Längs- und dann die Schmalseiten satt einschlagen und rechteckige Päckchen formen.

4 Bananenpäckchen mit dem Blattende unten in den Dämpfaufsatz legen, über Dampf 30 Minuten garen. Heiß oder kalt servieren.

Reiskugeln auf Zwetschgensauce

für 4 Personen als Mahlzeit

Reiskugeln
8 dl/800 ml Milch
2 EL Zucker
1 Vanilleschote, aufgeschnitten
200 g Rundkorn-Klebe-/Mochireis

50 g Zwieback
50 g geschälte, geriebene Mandeln
1 TL Zimtpulver

Zwetschgensauce
750 g Zwetschgen
1 dl/100 ml Apfelsaft
80 g Zucker

1 Zwetschgen halbieren und entsteinen, den Stielansatz entfernen, die Fruchthälften unter Zugabe des Apfelsaftes und des Zuckers weich kochen, pürieren und durch ein Sieb streichen.

2 Milch, Zucker sowie abgestreiftes Vanillemark und Schotenhälften aufkochen, den Klebereis zufügen, bei schwacher Hitze unter zeitweiligem Rühren köcheln, bis der Reis weich ist und die Flüssigkeit aufgenommen hat, ab und zu rühren. Vanilleschoten entfernen.

3 Den Zwieback zwischen den Fingerspitzen zerbröseln, dann mit den geriebenen Mandeln in einer Bratpfanne kurz rösten, den Zimt unterrühren.

4 Aus dem Reis kleine Kugeln formen, in den Bröseln wenden, auf der Zwetschgensauce anrichten.

Schwarzer Klebereis mit Früchten

für 4 Personen als Mahlzeit

2½ dl/250 ml ungesüßte Kokosnussmilch
80 g schwarzer Langkorn-Klebe-/ Mochireis
50 g weißer Langkorn-Klebe-/Mochireis
2½ dl/250 ml Wasser
80 g Palmzucker
1 Msp Salz
1 Mango
1 Baby-Ananas
1 EL Puderzucker

1 Den schwarzen und den weißen Klebereis in eine Schüssel geben und mit kaltem Wasser gut bedecken, 2 bis 3 Stunden quellen lassen, abgießen.

2 Kokosnussmilch, Wasser, Zucker, Salz sowie Klebereis aufkochen und unter zeitweiligem Rühren bei schwacher Hitze 30 bis 35 Minuten köcheln, auf der ausgeschalteten Wärmequelle zugedeckt erkalten lassen.

3 Mango schälen, das Fruchtfleisch in Scheiben vom flachen Kern schneiden, in mundgerechte Stücke teilen. Ananas schälen, die Augen mit einem spitzen Messer ausstechen, die Frucht halbieren und den harten Mittelteil herausschneiden, die Hälften in Scheiben schneiden. Früchte und Puderzucker mischen, 10 Minuten marinieren.

4 Den Reis mit den Früchten anrichten.

Gemischter Lila-Reis mit Kichererbsen-Bohnen-Curry

für 4 Personen als Mahlzeit

200 g Lila-Reismischung
6 dl/600 ml Gemüsebrühe
2 Zitronengrasstängel

Gemüsecurry
2–3 EL Olivenöl extra nativ
1 Zwiebel
200 g grüne Bohnen
250 g kleine grüne Peperoni/Paprikaschoten
Curry
wenig Gemüsebrühe
200 g gekochte Kichererbsen, Seite 94
1 kleiner Lauch
Salz
frisch gemahlener schwarzer Pfeffer
1–2 dl/100–200 ml ungesüßte Kokosnussmilch nach Belieben

1 Hand voll trocken geröstete Cashewnüsse

1 Reismischung mit Gemüsebrühe und Zitronengrasstängeln aufkochen, bei schwacher Hitze 20 Minuten kochen, dann auf der ausgeschalteten Wärmequelle zugedeckt 10 Minuten ausquellen lassen. Zitronengras entfernen. Warm stellen.

2 Für das Gemüsecurry die Zwiebel schälen und fein hacken. Bei den Bohnen den Stielansatz entfernen, halbieren. Peperoni halbieren, Stiel und Kerne entfernen, Fruchthälften halbieren und in feine Streifen schneiden. Zwiebeln im Olivenöl andünsten, Bohnen und Peperoni zugeben und mitdünsten, mit Currypulver bestreuen, 1 bis 2 Minuten weiterdünsten, nun wenig Gemüsebrühe angießen, bei schwacher Hitze kochen, bis die Bohnen gar sind, die Kichererbsen die letzten 10 Minuten mitkochen, mit Salz und Pfeffer würzen und nach Belieben mit Kokosnussmilch verfeinern.

3 Den Lila-Reis mit dem Currygemüse anrichten, mit den Cashewnüssen garnieren.

Lila-Reismischung 40 % aromatischer Reis, 40 % weißer Klebereis und 20 % Lila-Reis. Erhältlich in claro-Läden.

Süße Mochi

für 4 Personen als Mahlzeit

250 g Rundkorn-Klebe-/Mochireis
2 große Tassen Wasser

zum Wenden
5 EL flüssiger Honig
1–2 EL Wasser
Sesamsamen
Kinako (geröstetes Sojabohnenmehl)

1 Klebereis und Wasser aufkochen, bei schwacher Hitze kochen, bis der Reis weich ist, dann durch den Fleischwolf drehen oder mit einem Holzstöpsel stampfen, bis er sehr weich und klebrig ist.

2 Reismasse mit einem Esslöffel portionieren, das heißt große Klöße abstechen, daraus Würfel formen. Mochi im Salzwassser kochen, bis sie an die Oberfläche steigen, mit einem Schaumlöffel herausnehmen.

3 Den Honig mit wenig Wasser verflüssigen, Mochi zuerst im Honig, dann in den Sesamsamen oder im Kinako wenden.

Variante Die Mochiwürfel im Öl frittieren und dann im verflüssigten Honig wenden.

Pikante Mochi

für 4 Personen als Mahlzeit

250 g Rundkorn-Klebe-/Mochireis
1 Msp Salz
2 große Tassen Wasser

Füllung
Azukipaste (Paste aus kleinen roten Sojabohnen)

zum Umwickeln
Noristreifen

Frittieröl

1 Klebereis, Salz sowie Wasser aufkochen und bei schwacher Hitze köcheln, bis der Reis weich ist, durch den Fleischwolf drehen oder mit einem Holzstöpsel stampfen, bis er sehr weich und klebrig ist.

2 Die Reismasse mit einem Esslöffel portionieren, das heißt Klöße abstechen, die Masse etwas flach drücken, wenig Bohnenpaste darauf geben, Kroketten oder Kugeln formen, mit den angefeuchteten Noristreifen umwickeln. Im Öl frittieren.

Tipp Mit frisch geriebenem Meerrettich und Sojasauce servieren.

Nori Der Geschmack der schwarzglänzenden Blätter erinnert an rauchigen Tee und getrocknete Pilze. Die verschiedenen Varianten der Rotalge Porphyra werden zwischen Oktober und April in den kalten Ozeanen geerntet. Die Algen werden frisch und getrocknet aus Japan importiert.

Kokosnusssuppe mit Krevetten und Reis

für 4 Personen als Mahlzeit

1 Stück Galgantwurzel, ca. 8 cm
3 frische Kaffirlimettenblätter
1 frische rote Chilischote
4 dl/400 ml ungesüßte Kokosnussmilch
4 dl/400 ml Rinderfond aus dem Glas
½–1 EL frisch gepresster Limettensaft
8 geschälte rohe Riesenkrevetten/ -garnelen mit Schwanz
300 g gekochter Parfümreis (entspricht 100 g rohem Reis), Seite 60
Fischsauce

Koriander für die Garnitur

1 Die Galgantwurzel zerkleinern und mit einem Hammer leicht zerquetschen. Die Kaffirlimettenblätter in Streifen schneiden. Die Chilischote aufschneiden, entkernen und in Streifchen schneiden.

2 Galgant, Kaffirlimettenblätter, Chili, Kokosnussmilch, Rinderfond sowie Limettensaft aufkochen, bei schwacher Hitze 45 bis 60 Minuten kochen lassen.

3 Kokosnusssuppe absieben, zurück in die Pfanne geben, Krevetten und Parfümreis zugeben, bei schwacher Hitze 3 Minuten köcheln lassen, mit der Fischsauce abschmecken. Mit dem Koriander garnieren.

Asiatisch mariniertes Schweinefilet auf Kokosnussreis

für 4 Personen als Mahlzeit

1 Schweinefilet, ca. 600 g
1 EL Erdnussöl

Marinade
1 Zitronengrasstängel
1 unbehandelte Zitrone, abgeriebene Schale
1 EL zerstoßene schwarze Pfefferkörner
1 Schalotte, fein gehackt
1 EL Erdnussöl
3 EL pikante Sojasauce
2 EL Honig

Kokosnussreis
300 g Parfümreis
1¾ dl/175 ml ungesüßte Kokosnussmilch
4½ dl/450 ml Gemüsebrühe
2 EL rosa Pfefferkörner
Salz

Chinesischer Schnittlauch/-knoblauch für die Garnitur

1 Für die Marinade den zähen oberen und unteren Teil beim Zitronengrasstängel entfernen und sehr fein schneiden, mit den restlichen Zutaten aufkochen. Das Schweinefilet darin wenden, im Kühlschrank zugedeckt mindestens 2 Stunden oder über Nacht, marinieren.

2 Den Backofen auf 80 °C vorheizen.

3 Das Fleisch aus der Marinade nehmen, mit Küchenpapier trocken tupfen. In einer nicht klebenden Bratpfanne im heißen Erdnussöl rundum etwa 5 Minuten anbraten. Das Filet auf eine feuerfeste Platte legen und im vorgeheizten Ofen bei 80 °C 1 Stunde garziehen lassen.

4 Parfümreis, Kokosnussmilch, Gemüsebrühe und rosa Pfefferkörner aufkochen, Reis bei schwacher Hitze weich garen, abschmecken.

5 Das Schweinefilet in feine Scheiben schneiden, auf dem Kokosnussreis anrichten, mit dem Schnittlauch garnieren.

Tipp Das Fleisch mit dem Kokosnussreis auf frischen Bananenblütenblättern anrichten. Die Bananenblätter sind im Asienshop erhältlich und können auch als Gemüse gebraten werden.

Parfümreis mit Gemüse und Limettenblättern

für 4 Personen als Mahlzeit

300 g Parfümreis
1 TL Salz
4½ dl/450 ml Wasser
3 Schalotten, in feinen Ringen
Erdnussöl zum Braten
6 geschälte rohe Krevetten/Garnelen
100 g gekochte grüne Bohnen
1 Zitronengrasstängel
5 Kaffirlimettenblätter
½ Freilandgurke, geschält und klein gewürfelt

1 Den Parfümreis in reichlich kaltem Wasser etwa 30 Minuten quellen lassen, abgießen.

2 Den zähen oberen und unteren Teil beim Zitronengrasstängel entfernen, den Stängel in feinste Scheiben schneiden. Kaffirlimettenblätter in feinste Streifen schneiden und unter das Zitronengras mischen, zugedeckt beiseite stellen.

3 Parfümreis, Salz und Wasser aufkochen und bei schwacher Hitze 25 Minuten köcheln.

4 Die Schalotten in wenig Öl goldbraun und knusprig braten, herausnehmen, auf Haushaltpapier abtropfen lassen.

5 Die Krevetten in der Schalottenpfanne kurz braten, herausnehmen, salzen.

6 Reis, Krevetten, grüne Bohnen, Kaffirlimettenblätter-Zitronengras-Mix mit dem restlichen Bratöl gut mischen. Anrichten. Zwiebeln und Gurken darüber streuen.

Gebratener Reis mit Huhn und Basilikum

für 4 Personen als Mahlzeit

2 EL Erdnussöl
2 Knoblauchzehen
2 kleine frische rote Chilischoten
200 g Poulet-/Hühnerfleisch, sehr fein gehackt oder durch den Fleischwolf gedreht
1½ EL Fischsauce
½ TL Zucker
1 EL pikante helle Sojasauce
1 Hand voll Basilikumblätter
300 g gekochter Parfümreis (entspricht 100 g rohem Reis), Seite 60
1 kleine Zwiebel, in feinen Ringen
½ rote oder grüne Peperoni/ Paprikaschote

1 Die Knoblauchzehen schälen und fein hacken. Die Chilischoten nach Belieben entkernen, dann fein hacken. Die Zwiebel schälen und in feine Ringe schneiden. Die Peperonihälfte entkernen und in feine Streifen schneiden.

2 Das Erdnussöl in einer Bratpfanne oder in einem Wok stark erhitzen, Knoblauch darin goldbraun braten. Chilis und Pouletfleisch zugeben und kurz braten. Fischsauce, Zucker und Sojasauce zugeben, bei starker Hitze einige Minuten rührbraten. Zuerst Basilikumblätter, dann den Reis untermischen. Zwiebeln und Peperoni unterrühren.

Süßer Pullao

für 4 Personen als Dessert

½ EL Bratbutter/Butterschmalz
6 Kardamomkapseln
4 Gewürznelken
200 g Parfümreis
1 Briefchen Safranpulver
2–3 EL Zucker
2½–3 dl/250–300 ml Wasser
1–2 EL gehackte Pistazien

4 Portionen exotischer Fruchtsalat,
z. B. Litschi, Feigen, Mangos

1 Karadamomkapseln und Nelken in der Bratbutter andünsten, Parfümreis zugeben und kurz mitdünsten. Safran, Zucker und Wasser zugeben und bei schwacher Hitze 10 Minuten kochen. Pistazien unterrühren, in etwa 5 Minuten fertig garen. Kardamomkapseln und Nelken entfernen. Süßen Pullao in Portionenförmchen füllen und gut zusammenpressen.

2 Reisköpfchen auf Teller stürzen, mit dem Fruchtsalat umgeben.

Wildreis

Zitronen-Reis-Suppe mit Gemüse und Geflügel

für 4 Personen als Mahlzeit

150 g Wildreismischung
3/4 l kräftige Gemüsebrühe
2 1/2 dl/250 ml klarer Birnen- oder Apfelsaft
2 1/2 EL Maisstärke
2 unbehandelte Zitronen
2 1/2 cm Ingwerwurzel
1 roter Peperoncino/Pfefferschote
1 Sternanis
300 g gemischtes Gemüse, z. B. Mini-Maiskolben, Stangensellerie, Karotten, Erbsen, Kefen/Zuckerschoten
500–600 g Poulet-/Hühnerbrustfilets
Salz
frisch gemahlener schwarzer Pfeffer

1–2 unbehandelte Zitronen als Garnitur
Basilikum für die Garnitur

1 Wildreismischung gemäß Packungsbeschrieb kochen, in ein Sieb abgießen, mit kaltem Wasser abschrecken, beiseite stellen.

2 Beide Zitronen halbieren, Saft auspressen, Schalen in grobe Stücke schneiden. Ingwer schälen, in feine Scheiben schneiden. Peperoncino in Ringe schneiden. Gemüse putzen, bei Bedarf schälen, in nicht zu große (mundgerechte) Stücke schneiden. Pouletfleisch in mundgerechte Stücke schneiden.

3 Gemüsebrühe aufkochen, Maisstärke mit dem Birnensaft verrühren, zur Gemüsebrühe geben, unter Rühren aufkochen. Zitronensaft und -schalen, Peperoncini und Sternanis zugeben, etwa 10 Minuten bei schwacher Hitze garziehen lassen, Zitronenschalen und Sternanis entfernen. Gemüse zugeben, aufkochen und 5 Minuten bei schwacher Hitze knackig garen, Geflügel zugeben, aufkochen, auf der ausgeschalteten Wärmequelle zugedeckt etwa 10 Minuten ziehen lassen.

4 Die Suppe mit der Wildreismischung erhitzen, mit Salz und Pfeffer abschmecken, anrichten, mit fein geschnittenen Zitronenscheiben und Basilikum garnieren.

Wildreissalat

für 4 Personen als Mahlzeit

150 g Wildreis
3 dl/300 ml Gemüsebrühe
400 g Poulet-/Hühnerbrustfilets
Salz
frisch gemahlener Pfeffer
Cayennepfeffer
2 EL Olivenöl extra nativ
2 zarte Kohlrabi
1 Karotte
1 mittelgroßer Lauch

Sauce
3 EL Weißweinessig
1 TL milder Senf
8 EL Olivenöl extra nativ
1 Bund glattblättrige Petersilie
einige Zweiglein Estragon und Basilikum
1 Zweiglein Salbei
Salz
frisch gemahlener Pfeffer

1 Wildreis mit der Gemüsebrühe aufkochen und bei schwacher Hitze 20 bis 25 Minuten kochen, in einem Sieb abtropfen lassen.

2 Pouletfleisch in kleine Würfel schneiden, im heißen Olivenöl rundum braten, mit Salz, Pfeffer und Cayennepfeffer würzen, aus der Pfanne nehmen.

3 Gemüse putzen/schälen, in feine Streifen (Juliennes) schneiden.

4 Für die Sauce Essig und Senf glatt rühren, Olivenöl unter kräftigem Rühren zugeben, mit Salz und Pfeffer würzen. Sämtliche Kräuter fein hacken und zufügen.

5 Wildreis, Pouletfleisch und Gemüse mischen, Sauce darüber träufeln, vorsichtig mischen.

Wildreissalat mit Ingwer-Vinaigrette und Rucola

für 4 Personen als Mahlzeit

160 g Wildreis
½ l Wasser
2 Lorbeerblätter
2 gelbe Peperoni/Paprikaschoten
1 mittelgroße Zwiebel, fein gehackt
½ unbehandelte Zitrone

Vinaigrette
2 EL Balsamico-Essig
2 EL Zitronensaft
Salz
frisch gemahlener Pfeffer
1 dl/100 ml Olivenöl extra nativ
3 cm Ingwerwurzel, geschält und fein gerieben

1 Bund Rucola

1 Wildreis, Wasser und Lorbeerblätter aufkochen, bei schwacher Hitze 20 bis 25 Minuten kochen, auf der ausgeschalteten Wärmequelle zugedeckt 10 Minuten ausquellen lassen, in ein Sieb abgießen. Die Lorbeerblätter entfernen.

2 Peperoni mit dem Sparschäler schälen, die Gemüsefrüchte halbieren, Stielansatz und Kerne entfernen, 3 Hälften in kleine Würfel, Rest in Streifen schneiden.

3 Wildreis, Peperoniwürfelchen und Zwiebeln mit der Hälfte der Vinaigrette mischen, 10 Minuten marinieren. Zitronenhälfte halbieren und entkernen, Frucht mit Schale in feine Scheiben schneiden, unter den Salat mischen.

4 Die Rucola auf Teller oder in Schalen verteilen, mit der restlichen Sauce beträufeln, den Wildreissalat anrichten, mit den Peperonistreifen garnieren.

Tipp Mit gebratenen Curry-Langustenschwänzen oder Krevetten/Garnelen oder Wildlachs servieren.

Wildreis-Käse-Kugeln mit Rosmarin

für 4 Personen als Mahlzeit

200 g Wildreis
2 Lorbeerblätter
6 dl/600 ml Wasser
2 Freilandeier
150 g geriebener Käse, z. B. Sbrinz
2 unbehandelte Zitronen, abgeriebene Schale
4 EL Mehl
2 Rosmarinzweige, Nadeln abgestreift und fein gehackt
Gemüsebrühepulver

Olivenöl extra nativ zum Braten
Limonen- oder Zitronenscheiben für die Garnitur
Petersilie für die Garnitur

1 Wildreis, Lorbeerblätter und Wasser aufkochen, bei schwacher Hitze 20 Minuten kochen und auf der ausgeschalteten Wärmequelle zugedeckt 20 Minuten ausquellen lassen. In ein Sieb abgießen. Lorbeerblätter entfernen.

2 Wildreis, geriebenen Käse, Zitronenschalen, Mehl und Rosmarin gut vermengen, mit dem Gemüsebrühepulver würzen.

3 Aus der Wildreismasse von Hand kleine Kugeln formen und diese gut zusammendrücken. Die Wildreiskugeln in einer beschichteten Bratpfanne in ein wenig Olivenöl bei mittlerer Hitze zirka 7 Minuten braten.

4 Die Wildreiskugeln mit halben Limonenscheiben auf Spießchen reihen. Noch lauwarm servieren.

Wildreisgaletten mit gedünstetem Gemüse

für 4 Personen als Mahlzeit

Galetten
2 EL Olivenöl extra nativ
50 g Wildreis
100 g weißer Langkornreis
3 dl/300 ml Gemüsebrühe
1 Eigelb von einem Freilandei
1 EL Crème fraîche
Salz
frisch gemahlener Pfeffer

Gemüse
2 EL Olivenöl extra nativ
1 Fenchel
½ Bund grüner Spargel
je 1 gelbe und rote
Peperoni/Paprikaschote
1 Bund Frühkarotten
wenig Gemüsebrühe

Blattsalat, z. B. Brunnenkresse

1 Wildreis und Langkornreis im Olivenöl andünsten, Gemüsebrühe zufügen, aufkochen, den Reis bei schwacher Hitze 25 bis 30 Minuten köcheln, auskühlen lassen. Eigelb und Crème fraîche unterrühren, würzen. Die Reismasse mit einem Eisportionierer portionieren, auf ein mit Backpapier belegtes Blech setzen und zu Rondellen von 5 mm Dicke und 8 cm Durchmesser flach drücken. 30 Minuten kühl stellen.

2 Grobfaserige Hüllblätter beim Fenchel entfernen, die Knolle längs halbieren, Hälften in Längsrichtung in feine Scheiben schneiden. Das untere Drittel beim Spargel schälen, Schnittstelle kappen, Spargel quer halbieren. Peperoni längs halbieren, Stielansatz und Kerne entfernen, in Streifen schneiden. Karotten nicht schälen, Kraut auf 5 cm kürzen, Karotten je nach Größe längs halbieren. Das Gemüse im Olivenöl andünsten, wenig Gemüsebrühe zugeben, bei schwacher Hitze knackig garen.

3 Die Reisgaletten in einer weiten beschichteten Bratpfanne in ein wenig Olivenöl bei mittlerer Hitze beidseitig je 2 Minuten braten.

4 Je 3 Galetten pro Teller mit dem Mischgemüse anrichten, mit dem Blattsalat garnieren.

Langkorn-Vollreis

Italienischer Reissalat

für 2 Personen als Mahlzeit

1 rote Peperoni/Paprikaschote
1 gelbe Peperoni/Paprikaschote
200 g knackig gekochte grüne Erbsen
(Garzeit 5 Minuten) oder
200 g knackig gekochte grüne Bohnen
(Garzeit 20 Minuten)
8 entsteinte schwarze Oliven
300 g gekochter Langkorn-Vollreis,
Seite 184
Cayennepfeffer
Blattsalat
Sesamsamen

Sauce
3 EL Apfel-, Weiß- oder Rotweinessig
2 EL Gemüsebrühe
1 EL Sojasauce
1 TL Dijonsenf
frisch gemahlener schwarzer Pfeffer
Kräutersalz
5 EL Olivenöl extra nativ

1 Die beiden Peperoni halbieren, den Stielansatz und die Kerne entfernen, die Fruchthälften in kleine Quadrate schneiden.

2 Peperoni, Erbsen, Oliven und Reis mit der Sauce vermengen, mit Cayennepfeffer abschmecken.

3 Den Reissalat auf Blattsalat anrichten und mit den Sesamsamen bestreuen.

Risibisi

für 2 Personen als Mahlzeit

1 EL Olivenöl extra nativ
2 Schalotten
1–2 gelbe oder grüne Zucchini
2 Tomaten
100 g frische ausgelöste grüne Erbsen (oder tiefgekühlte)
300 g gekochter Langkorn-Vollreis, Seite 184
Gemüsebrühepulver
Hefeflocken
2 EL Rahm/Sahne
20 g schwarze Sesamsamen

1 Die Schalotten schälen und fein hacken. Die Zucchini beidseitig kappen und in kleine Würfel schneiden. Die Tomaten an der Spitze kreuzweise einschneiden, in einem Schaumlöffel in kochendes Wasser tauchen, bis sich die Haut löst, unter kaltem Wasser abschrecken, die Tomaten schälen, den Stielansatz kreisförmig herausschneiden, klein würfeln.

2 Schalotten im Olivenöl andünsten, Zucchini, Tomaten und Erbsen zugeben und einige Minuten mitdünsten, Reis unterrühren, erhitzen, würzen mit Gemüsebrühepulver und Hefeflocken und mit dem Rahm verfeinern. Sesamsamen darüber streuen.

Reis mit Champignons und Mandeln

für 2 Personen als Mahlzeit

2 EL Olivenöl extra nativ
1 Schalotte
1 Knoblauchzehe
100 g Champignons
300 g gekochter Langkorn-Vollreis, Seite 184
50 g geschälte, gehackte Mandeln
Kräutermeersalz

1 Schalotte und Knoblauchzehe schälen und fein hacken. Champignons je nach Größe halbieren, vierteln oder grob hacken.

2 Eine beschichtete Bratpfanne oder einen Wok aufheizen, 1 Esslöffel Olivenöl zugeben, Schalotten und Knoblauch darin andünsten, herausnehmen und beiseite stellen.

3 Restliches Olivenöl in der Bratpfanne erhitzen, die Champignons unter Rühren gut anbraten. Reis, Mandeln sowie Schalotten-Knoblauch-Gemisch zugeben, unter Rühren erhitzen, mit Kräutersalz abschmecken.

Gelber Ingwerreis

für 4 Personen als Mahlzeit

50 g Butter
4 Schalotten
2 Knoblauchzehen
1 Prise Zimtpulver
2 geschälte Ingwerscheiben, 5 mm dick
½ TL Kurkuma/Gelbwurz
250 g Langkorn-Vollreis
3–4 dl/300–400 ml schwache Gemüsebrühe
2 dl/200 ml Weißwein
Meersalz
frisch gemahlener weißer Pfeffer

1 Die Schalotten schälen, in feine Ringe schneiden. Die Knoblauchzehen schälen, in feine Scheiben schneiden.

2 Schalotten, Knoblauch, Zimtpulver, Ingwer und Kurkuma in der Butter bei mittlerer Hitze unter Rühren andünsten. Reis, 3 dl/300 ml Gemüsebrühe sowie Weißwein zugeben, aufkochen und bei schwacher Hitze kochen, bis der Reis al dente ist, eventuell braucht es noch mehr Gemüsebrühe. Reis mit 2 Gabeln lockern, abschmecken mit Salz und Pfeffer.

Curryreis mit getrockneten exotischen Früchten

für 4 Personen als Mahlzeit

200 g Langkorn-Vollreis
6 dl/600 ml Wasser
2 EL Erdnussöl
1 kleine Zwiebel
1 großer Lauch
2 EL scharfes Currypulver
1 dl/100 ml Weißwein
2 EL getrocknete Ananaswürfelchen
2 EL getrocknete Mangowürfelchen
2 EL ungeschwefelte Sultaninen
1 dl/100 ml Rahm/Sahne
Gemüsebrühe
Salz

2 EL geröstete Cashewnüsse
für die Garnitur

1 Ananas- und Mangowürfelchen sowie Sultaninen im Weißwein 30 Minuten einweichen.

2 Reis und Wasser aufkochen, 2 bis 3 Minuten sprudelnd kochen, auf der ausgeschalteten Wärmequelle zugedeckt 30 Minuten oder länger ausquellen lassen.

3 Zwiebel schälen und fein hacken. Lauch putzen und in feine Ringe schneiden.

4 Zwiebeln und Lauch im Olivenöl etwa 5 Minuten andünsten, Curry und Trockenfrüchte mit Flüssigkeit zugeben, bei schwacher Hitze 5 Minuten kochen. Den Reis unterrühren, unter Zugabe von Rahm und Gemüsebrühe auf die gewünschte Konsistenz verdünnen, erhitzen. Mit Salz abschmecken. Den Curryreis anrichten und mit den gerösteten Cashewnüssen garnieren.

Reis mit grünen Linsen

für 2 Personen als Mahlzeit

1 EL Olivenöl extra nativ
2 Knoblauchzehen
1 mittelgroßer Lauch
1 große Karotte
200 g gekochter Langkorn-Vollreis, Seite 184
100 g gekochte grüne Linsen
2 EL Weißwein
2 EL Rahm/Sahne
1 EL Hefeflocken
Salz
frisch gemahlener schwarzer Pfeffer

1 Die Knoblauchzehen schälen und fein hacken. Den Lauch putzen, längs halbieren und in etwa 8 cm lange Streifchen schneiden. Die Karotte schälen und klein würfeln.

2 Den Knoblauch und das Gemüse im Olivenöl andünsten, wenig Wasser zugeben, knackig dünsten. Reis, Linsen, Weißwein, Rahm und Hefeflocken unterrühren, mit Salz und Pfeffer abschmecken.

Karibischer Reissalat mit Mangos und Cashewnüssen

für 4 Personen als Mahlzeit

Kokosnussreis
1 EL Sesamöl
200 g Langkorn-Vollreis
1 Prise Muskatnussblüte oder -pulver
1 TL Kurkuma/Gelbwurz
3 dl/300 ml Gemüsebrühe
2½ dl–3 dl/250–300 ml Kokosnussmilch
Salz

1 Karotte
1 rote oder gelbe Peperoni/
Paprikaschote
150 g frische Ananaswürfelchen
3–4 Streifen eingeweichte
getrocknete Mangos
1 kleine Zwiebel
2 EL Cashewnüsse
1 EL Sultaninen

Sauce
1 dl/100 ml Orangensaft
1 Zitrone, Saft
2 TL flüssiger Honig
1 Prise Chilipulver
3 TL Sojasauce

1 Reis mit Muskatnuss und Kurkuma im Sesamöl andünsten. Gemüsebrühe zugeben, bei schwacher Hitze 20 Minuten kochen, Kokosnussmilch zugeben, bei schwacher Hitze weiterkochen, bis der Reis al dente ist, mit Salz abschmecken.

2 Karotte schälen, in zündholzfeine und etwa gleich lange Stäbchen schneiden. Peperoni halbieren, Kerne und Stielansatz entfernen, die Fruchthälften in kleine Würfel schneiden. Mangostreifen würfeln. Zwiebel schälen und in feine Scheiben schneiden.

3 Die Sauce zubereiten.

4 Sämtliche Zutaten mit der Sauce vermengen, etwa 1 Stunde ziehen lassen.

Schneller Safranreis

für 2 Personen als Mahlzeit

300 g gekochter Langkorn-Vollreis, Seite 184
2 EL Weißwein oder weißer Martini
2 EL Rahm/Sahne
Salz
frisch gemahlener weißer Pfeffer
2 TL Hefeflocken
Safranpulver

Reis unter Zugabe von Weißwein oder Martini und Rahm erhitzen, mit Salz, Pfeffer, Safranpulver und Hefeflocken würzen.

Reis mit Tofu

für 2 Personen als Mahlzeit

240 g Tofu
300 g gekochter Safran-Langkorn-Vollreis, siehe oben oder Curryreis, Seite 92
2 EL Rahm/Sahne
Gemüsebrühepulver

1 Den Tofu in fingerdicke Streifen schneiden, in einer beschichteten Bratpfanne oder im Wok ohne Fett bei mittlerer Temperatur Farbe annehmen lassen.

2 Reis unter Zugabe des Rahms erhitzen, mit dem Gemüsebrühepulver abschmecken, gebratenen Tofu zufügen, sorgfältig vermengen.

Mandelreis mit Zucchini

für 2 Personen als Mahlzeit

1 EL Olivenöl extra nativ
20 g Mandelblättchen
1 rote Peperoni/Paprikaschote
2–3 Zucchini
½ dl/50 ml Gemüsebrühe
300 g gekochter Langkorn-Vollreis, Seite 184
1 Bund Petersilie, fein gehackt
Salz
frisch gemahlener schwarzer Pfeffer

1 Mandelblättchen im Olivenöl bräunen, herausnehmen und beiseite stellen.

2 Peperoni halbieren, Stielansatz und Kerne entfernen, Fruchthälften in kleine Quadrate schneiden. Zucchini beidseitig kappen, ungeschält in kleine Würfel schneiden.

3 Peperoni und Zucchini in der gleichen Pfanne wie die Mandelblättchen andünsten, Gemüsebrühe zugeben, das Gemüse knackig dünsten. Reis, Petersilie und Mandelblättchen unterrühren, mit Salz und Pfeffer abschmecken.

Gebratener Reis mit Erdnüssen und Gemüse

für 2 Personen als Mahlzeit

4 EL Erdnussöl
3 Schalotten, fein gehackt
2 Knoblauchzehen, fein gehackt
1 Hand voll Erdnüsse
300 g gekochter Langkorn-Vollreis, Seite 184
100–150 g frische chinesische Pilze oder
10 g getrocknete chinesische Pilze
100 g ausgelöste frische Erbsen
100 g Sojasprossen
2–3 EL Sojasauce
einige EL Gemüsebrühe
1 EL Reiswein
Salz
frisch gemahlener schwarzer Pfeffer

1 Die getrockneten chinesischen Pilze 30 Minuten in lauwarmem Wasser einweichen, ausdrücken, in Streifen schneiden. Frische Pilze je nach Größe zerkleinern.

2 Schalotten und Knoblauch in einer beschichteten Bratpfanne oder im Wok in 2 EL Erdnussöl glasig dünsten, die Erdnüsse zugeben und braten, beiseite stellen.

3 Restliches Erdnussöl erhitzen, Reis, Pilze, Erbsen und Sprossen zugeben, mit Sojasauce, Gemüsebrühe, Reiswein, Salz und schwarzem Pfeffer würzen, unter ständigem Rühren braten. Erdnüsse untermischen.

Abbildung

Reis mit Shiitake und Sojasprossen

für 2 Personen als Mahlzeit

2 EL Olivenöl extra nativ
6–8 Shiitake
150 g Tofu
2 Knoblauchzehen
Salz
Sojasauce
1 frischer roter Peperoncino
300 g gekochter Langkorn-Vollreis, Seite 184
100 g Sojasprossen
frische Kräuter

1 Shiitake in Streifen, Tofu in Würfel, Peperoncino in feine Ringe schneiden.

2 Shiitake, Tofu und durchgepressten Knoblauch in einer beschichteten Bratpfanne oder im Wok bei mittlerer Hitze rührbraten, mit Salz, Sojasauce und frischen Peperoncini würzen. Sprossen und Reis zugeben, 2 Minuten rührbraten. Mit den klein gezupften Kräutern garnieren.

Curryreis mit Äpfeln und Sultaninen

für 4 Personen als Mahlzeit

250 g Langkorn-Vollreis
7 dl/700 ml Wasser
1 EL scharfes Currypulver
1 EL Gemüsebrühepulver
30 g Butter
1 kleine Zwiebel
2 feste Äpfel
4 EL ungeschwefelte Sultaninen, in Wasser eingeweicht
Weißwein nach Belieben
Salz
frisch gemahlener schwarzer Pfeffer

100 g gehackte Cashewnüsse für die Garnitur

1 Reis, Curry und Gemüsebrühepulver aufkochen, 2 bis 3 Minuten sprudelnd kochen, dann auf der ausgeschalteten Wärmequelle 30 Minuten oder länger ausquellen lassen.

2 Zwiebel schälen und fein hacken. Äpfel schälen, vierteln und entkernen, in Schnitze schneiden.

3 Zwiebeln zusammen mit den Apfelschnitzen in der Butter andünsten, abgetropfte Sultaninen und nach Belieben ein wenig Weißwein mit dem Reis unter-mischen, erhitzen, abschmecken mit Salz und Pfeffer. Je nach Konsistenz wenig Wasser zugeben.

4 Den Curryreis anrichten, mit den Cashewnüssen garnieren.

Gebratener Ingwer-Reis mit Seitan

für 4 Personen als Mahlzeit

4 EL Erdnussöl
100 g frische chinesische Pilze oder
10 g getrocknete chinesische Pilze
300 g Seitan oder Tofu, gewürfelt
1 EL Sojasauce
1 Schalotte, fein gehackt
5 cm Ingwer, fein gerieben
wenig Honig
400 g gekochter Langkorn-Vollreis, Seite 184
1 Bund Schnittlauch, fein geschnitten

1 Die getrockneten chinesischen Pilze 30 Minuten in lauwarmem Wasser einweichen, dann gut ausdrücken und klein schneiden. Frische Pilze je nach Größe zerkleinern.

2 Pilze mit dem Seitan in beschichteter Bratpfanne oder im Wok in 2 EL Erdnussöl kräftig anbraten. Aus der Pfanne nehmen, mit der Sojasauce würzen.

3 Schalotten und geriebenen Ingwer in der Seitanpfanne anbraten, den Honig unterrühren. Den Reis zugeben und mitbraten. Pilz-Seitan-Gemisch zugeben, gut vermengen und mit dem Schnittlauch garnieren.

Abbildung

Gebratener Reis mit Gemüse, Kichererbsen und Sprossen

für 2 Personen als Mahlzeit

5 EL Erdnussöl
1 große Zwiebel, fein gehackt
1½ TL durchgepresster Knoblauch
1 TL fein gehackter Ingwer
¾ TL Kurkuma/Gelbwurz
½ TL Chilipulver
200 g gemischtes Gemüse,
z. B. Peperoni/Paprikaschote, Knollensellerie, Karotten, in Würfelchen
1 Hand voll grüne Erbsen
120 g Chinakohl, in Streifen
100 g Sojabohnensprossen
100 g Kichererbsen
oder Sojabohnen
250 g gekochter Langkorn-Vollreis,
Seite 184
6 EL Kokosnussmilch
2 EL Sherryessig
1 EL Sojasauce
Salz
frisch gemahlener Pfeffer
fein geschnittener frischer Koriander
Bananen nach Belieben
Cashewnüsse nach Belieben

1 Kichererbsen über Nacht in reichlich Wasser einweichen. Einweichwasser weggießen, Erbsen mit frischem Wasser aufsetzen und bei schwacher Hitze 60 bis 90 Minuten garen (im Dampfkochtopf etwa 50 Minuten).

2 Zwiebeln und Knoblauch in einer beschichteten Bratpfanne oder im Wok im heißen Erdnussöl anbraten. Ingwer, Kurkuma und Chilipulver zugeben, 2 Minuten rührbraten. Gemüsewürfelchen 5 Minuten mitbraten. Erbsen, Chinakohl, Sprossen und Kichererbsen zugeben, 3 Minuten weiterbraten, Reis zugeben und bei starker Hitze gut durchbraten. Kokosnussmilch, Essig und Sojasauce zugeben, mit Salz, Pfeffer und Koriander abschmecken.

Tipp Mit gebratenen Bananen und Cashewnüssen garnieren.

Weißer Langkornreis

Suppeneintopf mit Kohl und Rüben

für 4 Personen als Mahlzeit

1 EL Bratbutter/Butterschmalz
1 mittelgroße Zwiebel
2 Knoblauchzehen
200 g Weißkabis/-kohl
150 g weißer Langkornreis
150 g rohes Sauerkraut
100 g Karotten
1 TL Rosenpaprikapulver
1 TL Senf
einige Kümmelsamen
1½ l Gemüsebrühe
100 g Kidneybohnen
1 EL fein gehackter Majoran
Kräutersalz
frisch gemahlener weißer Pfeffer

1 Kidneybohnen über Nacht in kaltem Wasser einlegen. Einweichwasser weggießen. Kidneybohnen mit viel frischem Wasser aufkochen, bei schwacher Hitze rund 45 Minuten kochen, bis die Bohnen weich sind.

2 Zwiebel schälen und fein hacken. Knoblauch schälen, Kabis in feine Streifen schneiden. Karotten schälen und in kleine Würfel schneiden.

3 Zwiebeln und durchgepresste Knoblauchzehen in der Bratbutter andünsten, Kabis, Reis, Sauerkraut und Karotten zugeben, mit Paprika bestäuben, Senf und Kümmel unterrühren, Gemüsebrühe zufügen aufkochen, bei schwacher Hitze 20 bis 30 Minuten köcheln, bis der Reis gar ist, Kidneybohnen und gehackten Majoran unterrühren, mit Kräutersalz und Pfeffer abschmecken.

Zitronen-Safran-Reiskugeln

für 4 Personen als Mahlzeit

250 g weißer Langkornreis
1 Briefchen Safranpulver
½ TL braune Senfkörner
3 Gewürznelken
2 EL Olivenöl extra nativ
50 g Para- oder Baum-/Walnusskerne, gehackt
½ dl/50 ml frisch gepresster Zitronensaft
6 dl/600 ml heißes Wasser
½ TL Salz
2 EL Kokosnussflocken

Kokosnussflocken zum Wenden
Olivenöl extra nativ zum Braten

1 Alle Zutaten inklusive Salz unter Rühren aufkochen, bei schwacher Hitze unter gelegentlichem Rühren 20 bis 25 Minuten kochen. Auskühlen lassen. Senfkörner und Nelken entfernen. Kokosnussflocken unterrühren.

2 Aus der Reismasse mit öligen Händen kleine Kugeln formen, in den Kokosnussflocken wenden, im Olivenöl knusprig braten.

Tipp Mit einem Chutney oder mit gedünstetem Gemüse servieren.

Japanischer Melonenreis mit Grünteesauce

für 4 Personen als Mahlzeit

Melonenreis
1 Galia- oder Netzmelone
4 dl/400 ml Wasser
250 g weißer Langkornreis
2½ EL Reis- oder Obstessig
½ TL Salz
1 TL flüssiger Honig, z. B. Akazienhonig

Grünteesauce
2 dl/200 ml heißes Wasser
2 TL Grünteepulver (Matcha)

Lachstatar
200 g frisches Lachsfilet
1 kleine rote Zwiebel
½ EL Sesamöl
1 EL Sonnenblumenöl
1 Limette, wenig abgeriebene Schale und 1 EL Saft
½ TL fein gehackter Ingwer
1 TL grob gehackte Korianderblättchen
Salz

1 Hand voll Zwiebel- oder Sonnenblumensprossen, für die Garnitur

1 Melone halbieren und entkernen, vom Fruchtfleisch kleine Kugeln ausstechen, restliches Fruchtfleisch mit einem Esslöffel herauslösen und fein pürieren (ergibt ca. 1 dl/100 ml Püree).

2 Für das Tatar den Lachs fein hacken. Zwiebel schälen, fein hacken. Alle Zutaten mischen, mit Salz abschmecken.

3 Das Melonenpüree mit dem Wasser aufkochen, Reis zugeben, bei schwacher Hitze al dente/körnig garen, mit Essig, Salz und Honig würzen.

4 Für die Grünteesauce das Grünteepulver mit dem heißen Wasser anrühren.

5 Melonenreis in Schalen anrichten, mit dem Grüntee umgießen. Vom Lachstatar Klößchen abstechen, auf dem Reis anrichten, mit Sprossen garnieren, sofort servieren.

Grünteepulver (Matcha) Japanische Teespezialität. Im Teegeschäft sowie in gut sortierten Reformhäusern und in Delikatessabteilungen von Warenhäusern erhältlich.

Reis mit Peperoni und Oliven

für 4 Personen als Mahlzeit

4 EL Olivenöl extra nativ
2 rote Peperoni/Paprikaschoten
2 grüne Peperoni/Paprikaschoten
1 Bund Frühlingszwiebeln
350 g weißer Langkornreis
7 dl/700 ml Wasser
1 TL Honig
1 EL Harissa (Würzpaste)
1 TL Salz
100 g in Salzlake eingelegte schwarze Oliven
100 g in Salzlake eingelegte grüne Oliven
Olivenöl extra nativ

1 Peperoni halbieren, Stielansatz und Kerne entfernen, Schotenhälften in kleine Würfel schneiden. Frühlingszwiebeln mit Röhrchen in Ringe schneiden.

2 Peperoni und Frühlingszwiebeln im Olivenöl andünsten, Reis zugeben und kurz mitdünsten, Wasser, Honig, Harissa und Salz zugeben, aufkochen, bei schwacher Hitze kochen, bis der Reis al dente/körnig ist. Die schwarzen und grünen Oliven unterrühren, mit Olivenöl abschmecken.

Gemüse-Biryani

für 4 Personen als Mahlzeit

6 dl/600 ml Wasser
350 g weißer Langkornreis
4 EL Erdnussöl
25 g Pistazien
25 g geschälte Mandeln
25 g Rosinen
1 große Zwiebel
1 Döschen Safranfäden, ca. 3 g
½ Zimtstange
8 schwarze Pfefferkörner
5 Gewürznelken
5 Kardamomkapseln
1 TL gemahlene Kreuzkümmelsamen
1 TL Cayennepfeffer
200 g fest kochende Kartoffeln
150 g dicke Stangenbohnen
2 Karotten
250 g Blumenkohlröschen
4 Knoblauchzehen
100 g frische oder tiefgekühlte grüne Erbsen
1 Becher (180 g) Naturjogurt
Salz
frisch gemahlener grüner Pfeffer
wenig Garam Masala
2 hart gekochte Eier für die Garnitur

1 Wasser und Reis aufkochen, bei schwacher Hitze 10 Minuten kochen, in eine Schüssel umfüllen und zugedeckt warm stellen.

2 Erdnussöl im gewaschenen und gut getrockneten Reistopf erhitzen, Pistazien, Mandeln und Rosinen darin kurz rösten, bis die Manden hellbraun sind, herausnehmen und für die Garnitur auf einem Küchenpapier beiseite legen. Zwiebel schälen und halbieren, dann quer in Scheiben schneiden, im gleichen Topf goldbraun rösten, herausnehmen und für die Garnitur beiseite legen.

3 Kartoffeln schälen und klein würfeln. Karotten schälen, in Scheiben schneiden. Bei den Stangenbohnen den Stielansatz abschneiden, die Bohnen in 5 cm lange Stücke schneiden. Knoblauchzehen schälen, in feine Scheiben schneiden.

4 Alle Gewürze in den Topf geben und unter Rühren kurz rösten, bis sie stark duften. Alle Gemüse und 1 dl/100 ml Wasser zugeben, aufkochen, bei schwacher Hitze kochen, bis das Gemüse knackig/al dente ist. Gekochten Reis untermischen, weitere 5 Minuten bei schwacher Hitze kochen. Den Jogurt unterrühren, mit Salz, Pfeffer und ein wenig Garam Masala abschmecken.

5 Biryani anrichten, mit Röstzwiebeln, Nüssen und Rosinen bestreuen, mit Eiervierteln garnieren.

Tipp Mit verschiedenen Chutneys und Naturjogurt servieren.

Zitronenrisotto mit grünen Erbsen

für 4 Personen als Mahlzeit

2 EL Olivenöl extra nativ
1 kleine Zwiebel, fein gehackt
200 g weißer Langkornreis
reichlich frischer Zitronenthymian, fein gehackt, oder getrockneter Zitronenthymian
1 dl/100 ml Weißwein
8 dl/800 ml Gemüsebrühe
200 g ausgelöste grüne Erbsen
½ Limone, abgeriebene Schale und Saft
50 g Mascarpone oder
100–150 g Ziegenfrischkäse, nach Belieben
20 g geriebener Käse, z. B. Sbrinz oder Pecorino
Salz, frisch gemahlener Pfeffer

Zitronenmelisse für die Garnitur, nach Belieben

Die Zwiebeln im Olivenöl andünsten, Reis und frischen oder getrockneten Zitronenthymian zugeben und mitdünsten. Weißwein zugeben, bei schwacher Hitze offen einkochen lassen. Gemüsebrühe nach und nach zugeben, bei schwacher Hitze immer wieder einkochen lassen. Garzeit 20 bis 25 Minuten. Grüne Erbsen die letzten 5 Minuten mitkochen. Limonenschalen und Limonensaft sowie Frischkäse und geriebenen Käse unterrühren, mit Salz und Pfeffer abschmecken. Nach Belieben mit Zitronenthymian garnieren.

Reis mit Bohnen und geräuchertem Schweinefleisch

für 6 Personen als Mahlzeit

3 EL Erdnussöl
1 mittelgroße rote Zwiebel
2 Knoblauchzehen
½ l Gemüsebrühe
400 g durchwachsener Speck am Stück
2 frische Chilischoten, z. B. Chile ancho, mit einer Nadel mehrmals eingestochen
250 g weißer Langkornreis
2 dl/200 ml ungesüßte Kokosnussmilch
400 g gekochte Kidneybohnen, Seite 98
4 EL frisch gepresster Limettensaft
4 EL Kokosnussraspel

1 Zwiebel und Knoblauchzehen schälen und fein hacken, beides im Erdnussöl andünsten. Gemüsebrühe, Speck und Chilischoten zugeben, aufkochen, bei schwacher Hitze etwa 30 Minuten kochen. Reis und Kokosnussmilch zugeben, aufkochen, bei schwacher Hitze 20 Minuten kochen, gelegentlich rühren. Chilischoten entfernen. Kidneybohnen zugeben, erhitzen. Mit Limettensaft abschmecken.

2 Den Speck in möglichst feine Scheiben schneiden, mit dem Reis gut vermengen, anrichten, mit Kokosnussraspeln garnieren.

Jambalaya

für 6 Personen als Mahlzeit

4 EL Erdnussöl
300 g Schweinehals, in 3 cm großen Würfeln
3 Pouletschenkel
frisch gemahlener schwarzer Pfeffer
Salz
2 mittelgroße rote Zwiebeln
3 Knoblauchzehen
2 Sprosse Stangensellerie
1 rote Peperoni/Paprikaschote
300 g weißer Langkornreis
400 g Pelati aus der Dose
8 dl/800 ml kräftige heiße Hühnerbrühe
2 TL zerstoßene, getrocknete rote Chilischoten
300 g Chiliwürstchen, z. B. Mini-Chorizo
100 g gekochter Schinken, in Streifen
250 g geschälte Riesenkrevetten/-garnelen
2 EL abgezupfte glattblättrige Petersilie

1 Die Haut der Pouletschenkel abziehen und beim Gelenk halbieren. Zwiebeln schälen und in Ringe schneiden. Knoblauchzehen schälen. Die groben Fasern beim Stangensellerie abfädeln und Sprosse in 2 bis 3 cm lange Stücke schneiden. Peperoni halbieren, Stielansatz und Kerne entfernen, Schotenhälften klein würfeln. Bei den Pelati den Stielansatz entfernen, Früchte würfeln.

2 Schweine- und Pouletfleisch in einem großen Brattopf im Erdnussöl anbraten, mit Salz und Pfeffer würzen, herausnehmen und beiseite stellen.

3 Zwiebeln, durchgepresste Knoblauchzehen, Stangensellerie und Peperoni in der Fleischpfanne andünsten. Reis, Tomaten, Hühnerbrühe und Chilischoten zugeben, aufkochen, Schweine- und Pouletfleisch sowie Chiliwürstchen zugeben, bei schwacher Hitze etwa 20 Minuten kochen, bis der Reis al dente/körnig ist. Schinken, Krevetten und Petersilie zugeben und bei schwacher Hitze weitere 5 bis 8 Minuten kochen.

Indischer Gewürzreis mit Gemüse-Geflügel-Spießchen

für 4 Personen als Mahlzeit

2 EL Olivenöl extra nativ
1 kleine Zwiebel
250 g weißer Langkornreis
½ Zimtstange, gebrochen
2 grüne Karadamomkapseln
3 Gewürznelken
5 Pfefferkörner
¼ TL Kurkuma/Gelbwurz
½ TL Salz
6–8 dl/600–800 ml heißes Wasser

geröstete Cashewnüsse
glattblättrige Petersilie oder Koriander

Gemüse-Geflügel-Spießchen
1 mittelgroßer Zucchino,
in 2 cm dicken Scheiben
je ½ rote und gelbe
Peperoni/Paprikaschote, geviertelt
8 Riesenchampignons
1 Bund Frühlingszwiebeln
200 g Poulet-/Hühnerbrustfilet,
gewürfelt
12 frische Lorbeer- oder Salbeiblätter

Marinade
3 EL Olivenöl extra nativ
1 TL Senf
½ Zitrone, Saft
Kräutersalz
frisch gemahlener schwarzer Pfeffer
1 durchgepresste Knoblauchzehe

1 Für die Spießchen das Gemüse und die Pouletwürfel abwechslungsweise mit Lorbeer- und Salbeiblättern auf Holzspießchen reihen. Die Marinade zubereiten, Spießchen damit einpinseln, 20 bis 30 Minuten marinieren.

2 Für den Reis die Zwiebel schälen, fein hacken, im Olivenöl kurz dünsten, Reis zugeben und andünsten, nach und nach Gewürze und Salz unterrühren und 2 bis 3 Minuten mitdünsten. Wasser zugeben, den Reis bei schwacher Hitze 20 bis 25 Minuten köcheln lassen, und die Gewürze entfernen.

3 Die Spießchen auf ein Backblech legen, im vorgeheizten Backofen bei 220 bis 250 °C 10 bis 15 Minuten braten.

4 Reis anrichten, mit den gerösteten Cashewnüssen und den Kräutern garnieren. Die Spießchen dazulegen.

Reispudding mit Nüssen

für 8 Personen als Dessert

120 g weißer Langkornreis
½ l Wasser
4 dl/400 ml gesüßte Kondensmilch
4 dl/400 ml ungesüßte Kondensmilch
½ TL zerstoßene Kardamomsamen
1 Msp Muskatnuss
8 EL Rosinen
8 EL gehackte, geschälte Mandeln
8 EL gehackte Cashewnüsse
1 EL fein gehackte Pistazien
1 EL Mandelsplitter

1 Den Reis mit dem Wasser aufkochen, 2 bis 3 Minuten sprudelnd kochen, auf der ausgeschalteten Wärmequelle zugedeckt ausquellen lassen. Gesüßte und ungesüßte Kondensmilch, Gewürze, Rosinen, Mandeln und Cashewnüsse zugeben, aufkochen, bei schwacher Hitze unter ständigem Rühren 10 bis 15 Minuten kochen, bis die Milch eingedickt und der Reis cremig ist.

2 Den Reispudding in Portionenschalen anrichten, mit den Pistazien und den Mandeln garnieren.

Rundkorn-Vollreis

Reisbrot

für eine Cake-/Kastenform von 17–23 cm Länge

100 g Rundkorn-Vollreis (Milchreis)
2 dl/200 ml Wasser

1 dl/100 ml lauwarmes Wasser
15 g frische Hefe
1 TL Honig
400 g Dinkel- oder Weizenvollkornmehl
1½ TL Salz
2 dl/200 ml Wasser

1 Den Reis in einer Pfanne kurz trocken rösten, Wasser zugeben, aufkochen, Getreide auf der ausgeschalteten Wärmequelle zugedeckt 30 Minuten ausquellen lassen.

2 Die Hefe und den Honig im lauwarmen Wasser auflösen.

3 Das Mehl in eine Schüssel geben und eine Vertiefung formen, Hefeflüssigkeit hineingießen, 1 bis 2 Esslöffel Mehl unterrühren. Die Schüssel mit einem feuchten Tuch bedecken und den Vorteig bei Zimmertemperatur 15 Minuten gehen lassen.

4 Das Salz und das Wasser zum Vorteig geben, alles zu einem Teig zusammenfügen, diesen auf der Arbeitsfläche 10 Minuten von Hand kneten oder auf kleiner Stufe in der Teigknetmaschine 4 bis 5 Minuten. Der Teig soll von weicher Konsistenz sein. Den gekochten Reis einkneten. Die Schüssel mit einem feuchten Tuch bedecken, den Teig bei Zimmertemperatur auf das doppelte Volumen aufgehen lassen.

5 Den Backofen auf 250 °C vorheizen. Die Form einfetten und mit Mehl ausstäuben.

6 Den Teig zu einer Rolle formen, in die Backform legen, nochmals 10 bis 15 Minuten gehen lassen.

7 Die Form in der Mitte in den Ofen schieben, das Reisbrot zuerst 10 Minuten bei 250 °C, dann 40 Minuten bei 180 °C backen. Das Brot aus der Form nehmen, nochmals 10 Minuten bei 180 °C backen.

Reissuppe mit buntem Gemüse

für 2 Personen als Mahlzeit

400–600 g Saisongemüse, z. B. Weißkabis/-kohl, Karotten, Lauch, Knollensellerie, Stangensellerie, Kohlrabi, Brokkoli, Romanesco, Blumenkohl, Kürbis
1 l Gemüsebrühe
300 g gekochter Mittel- oder Rundkorn-Vollreis (Risottoreis), Seite 185
Muskatnuss
frisch gemahlener schwarzer Pfeffer
1 EL Hefeflocken
fein gehackte Kräuter
2 EL Rahm/Sahne

1 Das Gemüse putzen/schälen, in mundgerechte Stücke schneiden.

2 Gemüse und Gemüsebrühe aufkochen, bei schwacher Hitze weich kochen, Reis zugeben und einige Minuten weiterkochen, mit Muskatnuss, Pfeffer und Hefeflocken würzen, Kräuter und Rahm unterrühren, anrichten.

Crocchette di riso

für 4 Personen als Mahlzeit

200 g Rundkorn-Vollreis,
grob geschrotet (Reformhaus)
2 dl/200 ml heißes Wasser
75 g Dinkel- oder Weizen-
weißmehl/Mehltype 405
100 g vegetarische Kräuterpaste
2 EL gehackte Petersilie
½ TL getrockneter Majoran
1 kleine Zwiebel
2 Knoblauchzehen
150 g Karotten
Salz
frisch gemahlener Pfeffer
Gemüsebrühepulver

Mandelblättchen
Bratbutter/Butterschmalz

1 Den Reisschrot am Vorabend mit dem heißen Wasser übergießen, zugedeckt quellen lassen.

2 Mehl, Kräuterpaste, Petersilie, Majoran und fein gehackte Zwiebeln unter den Schrot rühren, geschälte Knoblauchzehen dazupressen, Karotten schälen und auf der Bircher-Rohkostreibe dazureiben, alles mischen. Pikant würzen.

3 Aus der Masse kleine Burger formen, diese in den Mandelblättchen wenden, in der Bratbutter bei mittlerer Hitze beidseitig je 5 Minuten braten.

Pfälzer-Reis-Kugeln im Sesammantel

für 4 Personen als Mahlzeit

150 g Rundkorn- oder Mittelkorn-Vollreis (Risottoreis)
3 dl/300 ml Wasser
2 mittelgroße Pfälzer Rüben
5 EL Vollmilchquark
1 Freilandei
4 EL Vollkornmehl
1 TL frisch geriebene Ingwerwurzel
je 1 Msp Kardamom- und Korianderpulver
1½ TL Curry
½ TL Chilipulver
1 TL Sojasauce
1 Prise Vollrohrzucker
Meersalz
1 Knoblauchzehe

Sesampanade
12 EL Sesamsamen
30 g fein gehackter grüner Lauch

1 Den Reis in einer Pfanne unter Rühren trocken rösten. Das Wasser zugeben, aufkochen, bei schwacher Hitze 20 Minuten köcheln. Pfälzer Rüben schälen und klein würfeln, auf den Reis verteilen. Auf der ausgeschalteten Wärmequelle zugedeckt 10 Minuten oder länger ausquellen lassen. Quark, Ei, Mehl, sämtliche Gewürze sowie durchgepresste Knoblauchzehe zum Reis geben, gut miteinander vermengen.

2 Sesamsamen und Lauch in einem Teller mischen. Aus der Reismasse mit nassen Händen etwa baumnussgroße Kugeln formen, im Sesam-Lauch-Gemisch wenden.

3 In einer Pfanne mit Dämpfaufsatz wenig Gemüsebrühe aufkochen, Sesamkugeln in den Aufsatz legen, 10 Minuten zugedeckt dämpfen.

Tipp Reiskugeln mit gedünstetem Gemüse servieren.

Italienischer Frühlingsrisotto mit Oliven

für 4 Personen als Mahlzeit

200–300 g Rundkorn-Vollreis (Risottoreis)
4–6 dl/400–600 ml Wasser
1 Lorbeerblatt

2 EL Olivenöl extra nativ
1 kleine Zwiebel
1 Knoblauchzehe
300 g Spinat
300 g grüner Spargel
200 g Brokkoli
ca. 2 dl/200 ml Gemüsebrühe
12 grüne Oliven
Salz
frisch gemahlener Pfeffer
wenig Gemüsebrühe oder Weißwein
frisch geriebener Parmesan
Olivenöl extra nativ

1 Reis und Wasser mit Lorbeerblatt aufkochen, 2 bis 3 Minuten sprudelnd kochen, auf der ausgeschalteten Wärmequelle zugedeckt 30 Minuten oder länger ausquellen lassen. Lorbeerblatt entfernen.

2 Zwiebel und Knoblauchzehe schälen und fein hacken. Beim grünen Spargel das untere Drittel schälen und die Schnittstelle großzügig kürzen, das Spargelköpfchen auf 5 cm kürzen, die restliche Stange in Scheiben schneiden. Den Brokkoli in kleine Röschen brechen.

3 Den Spinat im Dampf zusammenfallen lassen, zum Abtropfen in ein Sieb geben.

4 Zwiebeln und Knoblauch im Olivenöl andünsten, Spargelscheiben und Brokkoliröschen zugeben und kurz mitdünsten, die Gemüsebrühe zugeben, erhitzen, Gemüse bei schwacher Hitze 5 Minuten köcheln, Spargelspitzen zugeben, weitere 5 Minuten kochen. Spinat, Reis und Oliven untermischen, erhitzen, abschmecken mit Salz und Pfeffer. So viel Gemüsebrühe oder Weißwein zugeben, dass der Risotto feucht ist. Mit Parmesan und Olivenöl verfeinern.

Riso allo zafferano

für 3 bis 4 Personen als Mahlzeit

1 EL Olivenöl extra nativ
1 kleine Zwiebel
250 g Rundkorn-Vollreis (Risottoreis)
3½ dl/350 ml Wasser
1½ dl/150 ml Weißwein
1 Msp Safranfäden
1 Lorbeerblatt
1 TL Salz
½ dl/50 ml Wasser
4 EL Butter

1 Die Zwiebel schälen und fein hacken, im Olivenöl andünsten, Reis zugeben, unter Rühren 2 bis 3 Minuten weiterdünsten, mit Wasser und Weißwein ablöschen, Safranfäden und Lorbeerblatt zugeben, aufkochen, Risotto bei schwacher Hitze 30 Minuten köcheln lassen.

2 Salz und restliches Wasser unter den Risotto rühren, weitere 15 Minuten bei schwacher Hitze köcheln. Lorbeerblatt entfernen, die Butter unterrühren.

Lauchrisotto mit Pilzen

für 4 Personen als Mahlzeit

300 g Mittel- oder Rundkorn-Vollreis (Risottoreis)
1 l Wasser
2 EL Olivenöl extra nativ
1 große Zwiebel
2 Knoblauchzehen
1 großer Lauch
2 dl/200 ml Weißwein
Salz
Gemüsebrühepulver
4 EL geriebener Käse, nach Belieben
1 Bund Petersilie

2 EL Olivenöl extra nativ
250 g Pilze, z. B. Shiitake, Champignons, Austernpilze

1 Den Reis mit dem Wasser aufkochen, 2 bis 3 Minuten sprudelnd kochen, dann auf der ausgeschalteten Wärmequelle zugedeckt 30 Minuten oder länger ausquellen lassen.

2 Zwiebel und Knoblauchzehen schälen und fein hacken. Lauch putzen, längs aufschneiden und die Hälften quer in Streifchen schneiden. Zwiebeln und Knoblauch mit dem Lauch im Olivenöl gut andünsten, Weißwein und Reis zugeben, 5 Minuten bei schwacher Hitze kochen. Würzen. Der Reis soll sämig sein, je nach Konsistenz mit ein wenig Wasser verdünnen.

3 Die Pilze je nach Größe halbieren, vierteln oder in Streifen schneiden. Eine beschichtete Bratpfanne aufheizen, Olivenöl und Pilze zugeben, kräftig anbraten, zusammen mit der Petersilie unter den Reis rühren, Käse untermischen.

Abbildung

Kürbis-Risotto

für 4 Personen als Mahlzeit

250–300 g Rundkorn-Vollreis (Risottoreis)
5–6 dl/500–600 ml Wasser
2 EL Olivenöl extra nativ
1 große Zwiebel
2 Knoblauchzehen
600–800 g Kürbisfleisch ohne Schale, z. B. Muscade de Provence
1 dl/100 ml Weißwein
3–4 dl/300–400 ml Gemüsebrühe
1 dl/100 ml Rahm/Sahne
1 Bund Petersilie
Salz
frisch gemahlener schwarzer Pfeffer
einige Zweiglein Salbei

geriebener Käse nach Belieben

1 Den Reis mit dem Wasser aufkochen, 2 bis 3 Minuten sprudelnd kochen, dann auf der ausgeschalteten Wärmequelle zugedeckt 30 Minuten oder länger ausquellen lassen.

2 Zwiebel und Knoblauchzehen schälen und fein hacken. Kürbis in Würfelchen schneiden, im Olivenöl andünsten. Weißwein und Gemüsebrühe zugeben, aufkochen, den Kürbis bei schwacher Hitze knackig garen.

3 Reis, Rahm sowie fein gehackte Petersilie zum Kürbisgemüse geben, erhitzen, mit Salz und Pfeffer abschmecken. Je nach Konsistenz mit ein wenig Rahm, Gemüsebrühe oder nach Belieben Weißwein verdünnen, mit Salbei garnieren. Käse separat servieren.

Risotto mit Pilzen

für 4 Personen als Mahlzeit

250–300 g Mittel- oder Rundkorn-Vollreis (Risottoreis)
1 EL Butter
1 EL Olivenöl extra nativ
1 kleine Zwiebel
1 Knoblauchzehe
10 g getrocknete Pilze
1 Lorbeerblatt
6–9 dl/600–900 ml heißes Wasser
2 dl/200 ml Weißwein
1 Msp Safranfäden
2 EL Gemüsebrühepulver
Salz
frisch gemahlener Pfeffer
3 EL Crème double
2 EL Hefeflocken

1 Pilze in lauwarmem Wasser etwa 15 Minuten quellen lassen, gut ausdrücken. Das Einweichwasser sieben und zum heißen Wasser geben. Zwiebel und Knoblauchzehe schälen und fein hacken.

2 Butter und Olivenöl erhitzen, Zwiebeln und Knoblauch darin andünsten. Reis, Pilze und Lorbeerblatt zugeben, weiterdünsten, bis der Reis glasig ist. Die Hälfte des heißen Wassers zugeben, unter gelegentlichem Rühren bei schwacher Hitze 10 Minuten kochen, nach und nach Weißwein und restliches Wasser und nach etwa 20 Minuten Safranfäden und Gemüsebrühepulver zugeben, der Reis soll immer leise kochen. Die Garzeit beträgt 50 Minuten. Der Reis soll al dente sein, also noch einen leichten Biss haben und sehr feucht sein. Das Lorbeerblatt entfernen. Den Pilzrisotto mit Salz und Pfeffer abschmecken, Crème double mit den Hefeflocken unterrühren.

Vegetarische Paella mit Gemüse

für 4 Personen als Mahlzeit

2 EL Olivenöl extra nativ
1 kleine Zwiebel
2–3 Knoblauchzehen
200 g frische oder tiefgekühlte grüne Erbsen
100 g Karotten
200 g Brokkoli
1 kleine rote Peperoni/Paprikaschote
1 Lorbeerblatt
1 Msp Safranfäden
250–300 g Mittel- oder Rundkorn-Vollreis (Risottoreis)
ca. ¾ l Gemüsebrühe
Kräutersalz
frisch gemahlener schwarzer Pfeffer

1 Zwiebel und Knoblauchzehen schälen und fein hacken. Karotten schälen, in Stäbchen schneiden. Brokkoli in kleine Röschen brechen. Peperoni im vorgeheizten Ofen bei 180 °C auf dem Rost 10 bis 15 Minuten backen, bis die Haut Blasen wirft und leicht abgezogen werden kann, halbieren, Stielansatz und Kerne entfernen, Hälften in feine Streifen schneiden.

2 Zwiebeln und Knoblauch im Öl andünsten, Erbsen, Karotten, Brokkoli, Peperoni (ein wenig für die Garnitur beiseite legen), Lorbeerblatt sowie Safranfäden zugeben und mitdünsten, Reis zugeben, kurz weiterdünsten, Gemüsebrühe dazugießen, aufkochen, die Paella bei schwacher Hitze kochen, bis der Reis weich ist, 20 bis 30 Minuten. Eventuell braucht es noch etwas mehr Gemüsebrühe, mit Salz und Pfeffer abrunden.

Abbildung

Lattichroulade mit Reis-Füllung

für 4 Personen als Mahlzeit

1 mittelgroße Zwiebel, fein gehackt
200–300 g Gemüsewürfelchen/-streifchen, z. B. Kohlrabi, Karotten, Lauch, Knollensellerie usw.
100 g Rundkorn-Vollreis (Risottoreis)
3 dl/300 ml Wasser

1 großer Lattich

Weiße Sauce
1 EL Mehl
1 dl/100 ml Weißwein
1 dl/100 ml Gemüsebrühe
Kräutersalz
frisch gemahlener schwarzer Pfeffer

Tomatensauce
2 EL Olivenöl extra nativ
1 kleine Zwiebel, fein gehackt
500 g Fleischtomaten
2 Zweige Basilikum

1 Zwiebeln, Gemüsewürfelchen, Reis sowie Wasser aufkochen, 2 bis 3 Minuten sprudelnd kochen, auf der ausgeschalteten Wärmequelle 30 Minuten oder länger ausquellen lassen. Die Füllung mit Kräutersalz und Pfeffer würzen.

2 Den Lattich in die einzelnen Blätter zerlegen, in einem großen Topf in reichlich kochendem Wasser blanchieren, unter kaltem Wasser abschrecken, 16 Lattichblätter auf Küchentüchern auslegen und die dicken Blattrippen mit einer Holzkelle flach klopfen. Die restlichen Blätter in Streifen schneiden.

3 Für die weiße Sauce das Mehl und den Weißwein in einer kleinen Pfanne glatt rühren, die Gemüsebrühe zugeben, unter Rühren aufkochen und bei schwacher Hitze 2 Minuten köcheln lassen, mit den Lattichstreifen unter den Reis mischen, mit Kräutersalz und Pfeffer kräftig würzen.

4 Für die Tomatensauce die Tomaten an der Spitze kreuzweise einschneiden, in einem Schaumlöffel in kochendes Wasser tauchen, bis sich die Haut löst, unter kaltem Wasser abschrecken, Gemüsefrüchte schälen, den Stielansatz kreisförmig herausschneiden, Tomaten klein würfeln. Zwiebeln im Olivenöl andünsten, Tomaten zugeben, bei schwacher Hitze 5 Minuten kochen, mit Salz und Pfeffer würzen, Basilikumblätter in Streifen schneiden, unterrühren.

5 Für die Rouladen je 2 Lattichblätter aufeinander legen, die Reis-Gemüse-Füllung darauf verteilen, Schmalseiten einschlagen und von der anderen Seite aufrollen.

6 Die Lattichrouladen auf die Tomatensauce legen, bei schwacher Hitze zugedeckt heiß werden lassen, etwa 10 Minuten.

Variante Außerhalb der Tomatensaison können für die Sauce auch Dosentomaten (Pelati) verwendet werden.

Riso dolce

für 4 Personen als Dessert
für 2 Personen als Mahlzeit

100 g Rundkorn-Vollreis (Milchreis)
2½ dl/250 ml Wasser
1 Prise Salz
1 Vanilleschote, aufgeschnitten
2–3 EL Akazienhonig
1 unbehandelte Zitrone,
abgeriebene Schale
2½ dl/250 ml Rahm/Sahne

4 Portionen Fruchtsalat oder
frische Beeren
gehackte Pistazien für die Garnitur

1 Reis, Wasser, Salz und Vanilleschote aufkochen, bei schwacher Hitze 35 Minuten köcheln lassen. Vanillemark abstreifen und unterrühren. Erkalten lassen.

2 Den Reis nach Belieben mit Akazienhonig süßen und mit Zitronenschalen abrunden. Den Rahm steif schlagen und unterziehen.

3 Den Fruchtsalat oder die Beeren in tiefen Tellern anrichten, den Reis mit einem Esslöffel portionieren, d. h. Klößchen abstechen, auf den Früchten anrichten. Mit Pistazien garnieren.

Reis Imperial

für 4 Personen als Dessert

4 dl/400 ml Milch
½ Vanilleschote, aufgeschnitten
75 g Rundkorn-Vollreis (Milchreis)
2 EL Akazienhonig
½ unbehandelte Zitrone, abgeriebene Schale
2 Freilandeier
1 EL Vollrohrzucker
1 Becher (1,8 dl/180 ml) Rahm/Sahne
2 TL Agar-Agar-Pulver

Fruchtsauce oder Fruchtkompott

1 Den Reis über Nacht in kaltem Wasser einweichen, das Wasser am nächsten Tag weggießen.

2 Milch und abgestreiftes Vanillemark aufkochen, den Reis zugeben, bei schwacher Hitze 40 Minuten köcheln lassen, bis der Reis sehr weich ist, ab und zu rühren. Eventuell braucht es noch etwas mehr Milch. Honig und Zitronenschalen unterrühren.

3 Die Eier mit dem Zucker zu einer luftigen Masse aufschlagen.

4 Den Rahm und das in wenig Wasser aufgelöste Agar-Agar-Pulver aufkochen, den Reis zugeben, erhitzen, heiß mit der Eiermasse vermengen.

5 Die Reismasse in Portionenförmchen oder Tassen füllen, abkühlen lassen, dann für 1 bis 2 Stunden in den Kühlschrank stellen.

6 Die Reisköpfchen auf Teller stürzen, mit der Fruchtsauce oder dem Fruchtkompott umgeben.

Reis-Apfel-Omelett

für 2 Personen als Mahlzeit
für 4 Personen als Dessert

0,8 dl/80 ml Milch
2 Freilandeier
40 g Zucker
1 Prise Salz
150 g gekochter Rundkorn-Vollreis (Milchreis), Seite 130 (1)
½ unbehandelte Zitrone, abgeriebene Schale
2 mittelgroße Äpfel
½ dl/50 ml Apfelsaft

Bratbutter/Butterschmalz

1 Die Äpfel schälen, vierteln und entkernen, die Viertel klein würfeln, im Apfelsaft weich kochen, abtropfen lassen.

2 Für den Teig Milch, Eier, Zucker sowie Salz verquirlen, Reis, Zitronenschalen und Äpfel unterrühren.

3 In einer beschichteten Bratpfanne in wenig Bratbutter bei mittlerer Hitze 4 Omeletts backen, aufrollen.

Tipp Mit einem Fruchtkompott servieren.

Süßer Reis mit Früchten

für 2 Personen als Mahlzeit

300 g gekochter Rundkorn-Vollreis
(Milchreis), Seite 130 (1)
2 EL Rahm/Sahne
Vanillepulver
1 unbehandelte Zitrone, abgeriebene Schale
1 EL Akazienhonig
wenig Kirsch oder Zitronensaft, nach Belieben
400 g klein geschnittene Saisonfrüchte
oder 300 g klein geschnittene Äpfel
40 g Rosinen
20 g Pistazien

1 Den gekochten Reis mit dem Rahm erhitzen, mit Vanillepulver, Zitronenschalen, Honig und nach Belieben mit wenig Kirsch respektive Zitronensaft aromatisieren.

2 Früchte, Rosinen und Pistazien mit dem Reis vermengen.

Reispudding

für 6 bis 8 Personen als Dessert

6½ dl/650 ml Wasser
1 Becher (1,8 dl/180 ml) Rahm/Sahne
oder 8 dl/800 ml Wasser und 4 EL Mandelpüree
2 EL Agavendicksaft
2 EL Zucker
1 Msp Bourbonvanille
180 g Rundkorn-Vollreis (Milchreis)
4 EL Rosinen oder Sultaninen

1 Wasser, Rahm, Agavendicksaft, Zucker und Bourbonvanillepulver aufkochen, den Reis zugeben, unter gelegentlichem Rühren zu einem Brei einkochen. Die Rosinen unterrühren.

2 Den Reisbrei in eine kalt ausgespülte Form oder in Portionenförmchen füllen, erkalten lassen. Vor dem Servieren stürzen.

Tipp Mit einer Fruchtsauce servieren.

Reiskuchen mit Apfelstückchen

für eine Springform von 20 cm Durchmesser
für 4 bis 6 Personen als Dessert

200 g süßer Mürbeteig

400 g Äpfel
1 dl/100 ml Apfelsaft

80 g Rundkorn-Vollreis (Milchreis)
2½ dl/250 ml Milch
1 Prise Salz
1 Vanilleschote, aufgeschnitten
30 g Butter
1 unbehandelte Zitrone, abgeriebene Schale
3 Eigelbe von Freilandeiern
50 g Akazienhonig
3 Eiweiß
1 TL Puderzucker

weiche Butter für die Form
Puderzucker zum Bestäuben

1 Die Äpfel schälen, vierteln und entkernen, die Fruchtviertel klein würfeln und im Apfelsaft weich kochen, mit einem Schaumlöffel herausnehmen. Den Apfelsaft bei schwacher Hitze köcheln lassen, bis er bindet. Die Apfelwürfelchen zugeben.

2 Den Rand und den Boden der Springform mit der Butter einfetten. Den Teig ausrollen, groß genug, dass auch der Rand ausgekleidet werden kann, in die Form legen. Kühl stellen.

3 Den Reis mit kochendem Wasser übergießen, in ein Sieb geben und kalt abspülen.

4 Reis, Milch, Salz, Vanilleschote, Butter sowie Zitronenschalen aufkochen, den Reis bei schwacher Hitze weich garen, etwa 20 Minuten. Das Vanillemark abstreifen und unterrühren, die Schoten entfernen. Die Eigelbe mit dem Honig luftig aufschlagen, unter die noch warme Reismasse rühren.

5 Den Backofen auf 180 °C vorheizen.

6 Das Eiweiß mit dem Puderzucker zu steifem Schnee schlagen, unter die Reismasse ziehen.

7 Die Hälfte der Reismasse auf dem Teigboden ausstreichen, Apfelwürfelchen darauf verteilen, mit dem restlichen Reis zudecken.

8 Den Rreis-Apfel-Kuchen in der Mitte in den Ofen schieben, bei 180 °C etwa 1 Stunde backen. Mit Puderzucker bestäuben.

Varianten Die Äpfel durch Quitten ersetzen. Den Teig weglassen und die Reismasse als Auflauf backen. Mit Apfelstückchen oder Apfelmus servieren.

Reistorte mit kandierten Früchten

für eine Springform von 24 cm Durchmesser

7 dl/700 ml Milch
½ TL Salz
1 unbehandelte Zitrone, abgeriebene Schale
1 unbehandelte Orange, abgeriebene Schale
1 Vanilleschote, aufgeschnitten
220 g Rundkorn-Vollreis (Milchreis)
50 g Zucker
100 g gemischte kandierte Früchte, gehackt
50 g Pistazien, gehackt
2 EL Orangenblütenwasser (Drogerie/Apotheke)
3 Eigelbe von Freilandeiern
50 g Zucker
3 Eiweiß
50 g Zucker

2–3 EL Pistazien
Puderzucker zum Bestäuben

weiche Butter für die Form
Backpapier für die Form

1 Den Rand der Springform mit weicher Butter einfetten. Den Boden mit dem Backpapier belegen (die Rondelle in der Größe des Bodens zuschneiden).

2 Milch, Salz, Zitronenschalen und Orangenschalen sowie Vanilleschote aufkochen, Reis zugeben, bei schwacher Hitze unter häufigem Rühren 25 Minuten kochen, Zucker (50 g) unterrühren, auskühlen lassen. die Vanilleschote entfernen. Kandierte Früchte, Pistazien sowie Orangenblütenwasser unter den Milchreis rühren.

3 Den Backofen auf 160 °C vorheizen.

4 Eigelbe mit dem Zucker (50 g) zu einer luftigen Creme aufschlagen, unter den Reis ziehen.

5 Das Eiweiß steif schlagen, den restlichen Zucker (50 g) zugeben, weiterschlagen, bis die Masse glänzt, den Eischnee unter den Reis ziehen. In die vorbereitete Form füllen, mit Pistazien bestreuen.

6 Reistorte im unteren Drittel in den Backofen schieben und bei 160 °C 90 Minuten backen. Auskühlen lassen. Mit dem Puderzucker bestäuben.

Tipp Den Kuchen einen Tag lang ruhen lassen, dann schmeckt er noch besser.

Reisgugelhupf

für eine mittelgroße Gugelhupfform

1 l Milch
80 g Honig
1 Msp Kurkuma/Gelbwurz oder Safranpulver
1 Msp Zimtpulver
1 Prise Salz
300 g Rundkorn-Vollreis (Milchreis)
100 g geschälte Mandeln
10 entsteinte Datteln, in Streifchen
75 g Rosinen
25 g Pinienkerne
1 unbehandelte Zitrone, abgeriebene Schale
2 Freilandeier
2 Eigelbe von Freilandeiern
2 EL Zucker

weiche Butter für die Form
Paniermehl für die Form

1 Die Milch aufkochen, Honig, Kurkuma, Zimt und Salz zugeben, Reis einrieseln lassen, bei schwacher Hitze unter gelegentlichem Rühren weich kochen, restliche Milch abgießen, Reis in eine Schüssel geben.

2 Die Gugelhupfform mit Butter einfetten und mit Paniermehl gut ausstreuen. Kühl stellen.

3 Den Backofen auf 180 °C vorheizen.

4 Mandeln, Datteln, Rosinen, Pinienkerne und Zitronenschalen unter den ausgekühlten Reis rühren.

5 Eier und Eigelbe zusammen mit dem Zucker zu einer luftigen Masse aufschlagen, mit der Reismischung vermengen, in die Form füllen.

6 Die Form in der Mitte in den Ofen schieben, den Gugelhupf bei 180 °C rund 40 Minuten backen.

Tipp Mit Fruchtkompott, z. B. von Zwetschgen oder Aprikosen, je nach Saison, servieren.

Weißer/roter Mittel- oder Rundkornreis

Toskanische Kürbissuppe mit Reis

für 4 Personen als Mahlzeit

4 EL Olivenöl extra nativ
1 kleine Zwiebel
700 g mehliges Kürbisfleisch
2 mittelgroße mehlig kochende Kartoffeln
1¼ dl/125 ml Milch
ca. 1 l Gemüsebrühe
100 g erntefrischer kleinblättriger Blattspinat
300 gekochter weißer Rundkornreis (Risottoreis), Seite 150 (1)
Salz
frisch gemahlener schwarzer Pfeffer
Olivenöl extra nativ
4 EL geriebener Parmesan

1 Die Zwiebel schälen und fein hacken. Das Kürbisfleisch entkernen und klein würfeln. Die Kartoffeln schälen und klein würfeln.

2 Zwiebeln und Kürbis im Olivenöl andünsten, Kartoffeln, Milch und Gemüsebrühe zugeben, aufkochen, das Ganze bei schwacher Hitze weich kochen. Den Spinat 2 Minuten mitkochen. Kürbissuppe pürieren.

3 Die Kürbissuppe mit dem Reis aufkochen und je nach Konsistenz mit ein wenig Gemüsebrühe verdünnen, mit Salz und Pfeffer würzen, mit dem Olivenöl abrunden. Parmesan separat servieren.

Reis-Grünspargel-Suppe

für 4 Personen als Vorspeise

1 EL Butter
1 Schalotte
60 g weißer Rundkornreis (Risottoreis)
8 dl/800 ml Gemüsebrühe
400 g grüner Spargel
4 dl/400 ml Gemüsebrühe
Salz
frisch gemahlener Pfeffer
2 EL fein gehackter Kerbel
½ dl/50 ml Rahm/Sahne

1 Die Schalotte schälen, fein hacken, in der Butter andünsten, den Reis zufügen, kurz mitdünsten. Gemüsebrühe angießen, aufkochen, Den Reis bei schwacher Hitze etwa 20 Minuten kochen.

2 Das untere Drittel des Spargels schälen und die Schnittstelle großzügig kürzen, die Stangen in etwa 1 cm große Stücke schneiden, in der Gemüsebrühe weich kochen. Spargel mit der Kochflüssigkeit pürieren und durch ein Spitzsieb streichen und zur Reissuppe geben.

3 Reis-Grünspargel-Suppe erhitzen, mit Salz und Pfeffer abschmecken, anrichten. Mit dem gehackten Kerbel und Rahm-/Sahnetupfern garnieren.

Erbsencremesuppe mit Reis

für 4 Personen als Vorspeise

20 g Butter
1 Schalotte
60 g geschälter Mittel- oder Rundkornreis (Risottoreis)
1,2 l Gemüsebrühe
150 g ausgelöste grüne Erbsen
Salz
frisch gemahlener weißer Pfeffer
1 dl/100 ml Rahm/Sahne
2 EL fein gehackter Kerbel

1 Schalotte fein hacken und in der Butter andünsten, Reis zugeben und glasig dünsten, 1 l Gemüsebrühe zugeben, aufkochen, Suppe bei schwacher Hitze 20 bis 30 Minuten kochen.

2 Erbsen und restliche Gemüsebrühe aufkochen, bei schwacher Hitze etwa 5 Minuten kochen, pürieren und durch ein Sieb streichen.

3 Erbsenpüree zur Reissuppe geben, mit Salz und Pfeffer abschmecken. Mit Schlagrahm und Kerbel garnieren

Risotto-Espresso-Kugeln auf Peperonicoulis

für 4 Personen als Vorspeise

1 EL Olivenöl extra nativ
80 weißer Rundkornreis (Risottoreis)
1 dl/100 ml Gemüsebrühe
1½ dl/150 ml Espressokaffee
1 EL fein gehackter Ingwer
1 kleine Zwiebel, fein gehackt
1 Bund Petersilie, fein gehackt

Frittieröl

Peperonicoulis
2 rote oder gelbe oder grüne Peperoni/Paprikaschoten
2 dl/200 ml Gemüsebrühe
1 EL Hirseflocken
2 Zweige Oregano
Salz
frisch gemahlener weißer Pfeffer
wenig Kreuzkümmel
1 EL Akazienhonig
1 EL Essig

1 Reis im mäßig heißen Olivenöl glasig werden lassen, Gemüsebrühe, Espresso, Ingwer und Zwiebeln zugeben, aufkochen, auf der ausgeschalteten Wärmequelle zugedeckt etwa 30 Minuten ausquellen lassen. Petersilie unterrühren. Die Masse kräftig durchkneten, 16 gleich große Kugeln formen. Kurz vor dem Servieren die Reiskugeln im heißen Öl goldgelb frittieren.

2 Peperoni halbieren, den Stielansatz und die Kerne entfernen, beide Hälften klein schneiden. Peperoni, Gemüsebrühe, Hirseflocken und Oregano aufkochen, 10 Minuten bei schwacher Hitze kochen. Kräuterzweig entfernen. Peperoni mit der Flüssigkeit fein pürieren. Coulis kurz vor dem Servieren aufkochen, mit Salz und Pfeffer würzen, mit Akazienhonig und Essig abrunden.

3 Frittierte Reiskugeln anrichten, mit dem Peperonicoulis umgeben.

Roter Reis mit Lauch und Eierschwämmchen

für 4 Personen als Mahlzeit

200–250 g roter Mittelkornreis (Risottoreis)
1 Lorbeerblatt, 7 dl/700 ml Wasser
2–3 EL Olivenöl extra nativ
1 kleine Zwiebel, 1 Knoblauchzehe
400 g Lauch
getrockneter oder frischer Thymian, nach Belieben
1½ dl/150 ml Weißwein, Gemüsebrühe
wenig Rahm/Sahne, nach Belieben
Kräutersalz, schwarzer Pfeffer
1–2 EL Olivenöl extra nativ
200–300 g Eierschwämmchen/Pfifferlinge
2 EL geriebener Pecorino oder Sbrinz, nach Belieben
2 EL fein gehackte glattblättrige Petersilie
Olivenöl extra nativ

1 Reis, Lorbeerblatt und Wasser aufkochen und bei schwacher Hitze 20 bis 25 Minuten kochen, dann auf der ausgeschalteten Wärmequelle zugedeckt 30 Minuten ausquellen lassen. Das Lorbeerblatt entfernen.

2 Zwiebel und Knoblauchzehe schälen und fein hacken. Den Lauch putzen, der Länge nach halbieren, in etwa 1 cm breite Streifen schneiden. Zwiebeln, Knoblauch, Lauch und Thymian im Olivenöl andünsten, den Weißwein zugeben, offen einkochen lassen. Wenig Gemüsebrühe zugeben und den Lauch zugedeckt bei schwacher Hitze knackig kochen. Reis zugeben, je nach Konsistenz noch Gemüsebrühe zugeben, bei schwacher Hitze 4 Minuten kochen, mit dem Rahm verfeinern, würzen.

3 Pilze im Olivenöl kurz braten, mit dem Reis vermengen, Käse und Petersilie unterrühren, mit Olivenöl abrunden.

Exotischer roter Reis

für 4 Personen als Mahlzeit

200 g roter Mittelkornreis (Risottoreis)
6 dl/600 ml Gemüsebrühe
2 Zitronengrasstängel

Curry-Gemüse
2–3 EL Olivenöl extra nativ
1 kleine Zwiebel
200 g Kefen/Zucker-/Kaiserschoten
250 g grüne Peperoni/Paprikaschoten
1–2 EL scharfer Curry
wenig Gemüsebrühe
200 g gekochte Kichererbsen, Seite 94
Salz
frisch gemahlener schwarzer Pfeffer
1–2 dl/100-200 ml Kokosnussmilch

1 Reis mit Gemüsebrühe sowie Zitronengras aufkochen, bei schwacher Hitze 20 Minuten kochen, Zitronengras entfernen. Reis in Portionenförmchen füllen, gut pressen, warm stellen.

2 Zwiebel schälen, fein hacken. Stielansatz der Kefen abknipsen und grobe Fasern abziehen. Peperoni halbieren, Stielansatz und Kerne entfernen, in Streifen schneiden.

3 Zwiebeln im Olivenöl andünsten, Kefen und Peperoni zugeben und mitdünsten, Currypulver darüber streuen, 1 bis 2 Minuten mitdünsten, Kichererbsen und ein wenig Gemüsebrühe zugeben, Gemüse bei schwacher Hitze knackig dünsten, mit Salz und Pfeffer würzen und mit der Kokosnussmilch abschmecken.

4 Reisköpfchen stürzen, mit dem Currygemüse umgeben.

Grünspargel-Risotto mit Frischkäse

für 4 Personen als Mahlzeit

300 g weißer Mittel- oder Rundkornreis (Risottoreis)
6 dl/600 ml Wasser
4 EL Olivenöl extra nativ
1 mittelgroße Zwiebel
1 dl/100 ml Weißwein
½ l Gemüsebrühe
600–700 g Wildspargel oder grüner Spargel
Zitronenthymian oder Thymian
frisch gemahlener Pfeffer
150 g Frischkäse
frisch geriebener Pecorino oder Parmesan

1 Reis mit dem Wasser aufkochen, auf der ausgeschalteten Wärmequelle etwa 20 Minuten ausquellen lassen.

2 Zwiebel schälen, fein hacken. Wildspargel nicht schälen, nur die Schnittstelle großzügig kürzen, Stangen quer halbieren. Beim grünen Spargel das untere Drittel schälen und die Schnittstelle großzügig kürzen.

3 Zwiebeln im Olivenöl andünsten, Spargel kurz mitdünsten, Weißwein und Gemüsebrühe zugeben, aufkochen, Spargel bei schwacher Hitze knackig garen. Den Reis untermischen und einige Minuten bei schwacher Hitze kochen. Abschmecken mit Zitronenthymian und Pfeffer.

4 Kurz vor dem Servieren Frischkäse unter den Risotto rühren. Mit Pecorino/Parmesan bestreuen.

Varianten Im Sommer den Spargel durch grüne Erbsen oder Kefen/Zuckerschoten, im Herbst und Winter durch Kürbis und den Thymian durch Petersilie ersetzen.

Risotto mit frischen Steinpilzen

für 4 Personen als Mahlzeit

100 g Butter
150 g Zwiebeln
2 Knoblauchzehen
300 g weißer Mittelkornreis (Risottoreis)
1 dl/100 ml Weißwein
1,3 l Hühnerbrühe
300 g Steinpilze oder Trompetenpfifferlinge
50 g 5-jähriger Parmesan, frisch gerieben
Salz, frisch gemahlener schwarzer Pfeffer
1 KL Pilzpulver

1 Zwiebeln schälen und fein hacken. Knoblauchzehen schälen. Steinpilze putzen und je nach Größe klein schneiden.

2 Zwiebeln und Knoblauch in 50 g Butter bei schwacher Hitze 5 Minuten dünsten, Reis zugeben, 1 bis 2 Minuten weiterdünsten, nun Weißwein zugeben, bei schwacher Hitze weiterkochen. Die kochende Hühnerbrühe schöpflöffelweise zugeben, und zwar immer dann, wenn keine Flüssigkeit mehr vorhanden ist. Nach etwa 25 Minuten ist der Reis al dente, nun die Steinpilze zugeben und weitere 5 Minuten köcheln lassen. Knoblauchzehen entfernen. Den Kochtopf von der Wärmequelle nehmen. Restliche Butter und den Parmesan untermischen, würzen.

Abbildung

Safranrisotto mit Artischocken

für 4 Personen als Mahlzeit

½ Zitrone, Saft

8 kleine Artischocken
3 EL Olivenöl extra nativ
2 Knoblauchzehen
1 dl/100 ml warmes Wasser
50 g Butter
1 kleine Zwiebel
300 g weißer Mittel- oder Rundkornreis (Risottoreis)
20 Safranfäden
1 l heiße Gemüsebrühe
50 g frisch geriebener Parmesan
1 Bund glattblättrige Petersilie
Salz
frisch gemahlener schwarzer Pfeffer

1 In einer Schüssel viel kaltes Wasser unter Zugabe des Zitronensafts bereitstellen.

2 Die Artischockenstiele kürzen, äußere harte Blätter abbrechen. Die Artischocken halbieren, das Heu entfernen, sofort in das Zitronenwasser legen, damit sie sich nicht verfärben.

3 Das Olivenöl erhitzen und die beiden geschälten Knoblauchzehen im Öl Farbe annehmen lassen, Zehen entfernen. Gut abgetropfte Artischockenhälften zugeben, würzen, unter Zugabe von ein wenig warmem Wasser etwa 10 Minuten dünsten.

4 Zwiebel schälen und in sehr feine Scheiben schneiden, in der Butter andünsten, Reis zugeben und glasig werden lassen, Safran zugeben. Nach und nach unter häufigem Rühren die heiße Gemüsebrühe dazugeben. Der Reis soll mit der Flüssigkeit immer knapp bedeckt sein. Bei schwacher Hitze etwa 20 Minuten kochen, bis der Reis sämig und noch al dente/leicht körnig ist. Risotto abrunden mit schwarzem Pfeffer und Salz, Parmesan unterrühren.

5 Risotto anrichten, die gedünsteten Artischocken darauf legen, mit der Petersilie garnieren.

Risotto mit Cicorino rosso und Aceto Balsamico

für 4 Personen als Mahlzeit

2 EL Olivenöl extra nativ
1 kleine Zwiebel
1 Knoblauchzehe
50 g Speckwürfelchen
300 g Cicorino rosso
2 EL Olivenöl extra nativ
350 g weißer Mittel- oder Rundkornreis (Risottoreis)
1½ dl/150 ml Weißwein
ca. 1 l heiße Fleisch- oder Gemüsebrühe
1 EL Aceto Balsamico
50 g Butter
2 EL fein gehackte Petersilie
Salz
frisch gemahlener schwarzer Pfeffer

1 Zwiebel und Knoblauchzehe schälen und fein hacken. Äußere Blätter beim Cicorino rosso entfernen, Strunk kürzen, Köpfchen längs halbieren und in Streifen schneiden.

2 Zwiebeln, Knoblauch und Speckwürfelchen im Olivenöl andünsten, ohne Farbe annehmen zu lassen. Cicorino rosso zugeben, etwa 5 Minuten mitdünsten, in eine Schüssel umfüllen und beiseite stellen.

3 Reis im Olivenöl andünsten, Weißwein zugeben, offen einkochen lassen. Die Fleischbrühe nach und nach zugeben, damit der Reis immer knapp mit Flüssigkeit bedeckt ist, unter häufigem Rühren al dente/körnig kochen, etwa 15 Minuten. Cicorino rosso zugeben, nochmals 5 Minuten kochen. Mit Aceto Balsamico, Butter und Petersilie verfeinern, mit Salz und Pfeffer abschmecken.

Kopfsalat-Risotto mit Sbrinzspänen

für 4 Personen als Mahlzeit

2 EL Olivenöl extra nativ
2 Schalotten
240 g weißer Mittel- oder Rundkornreis (Risottoreis)
1½ dl/150 ml Weißwein
5–6 dl/500–600 ml Geflügelbrühe
1 fester Kopfsalat
30 g Butter
3 EL geriebener Sbrinz
frisch gemahlener schwarzer Pfeffer

100 g Sbrinz am Stück

1 Die äußeren Blätter beim Kopfsalat entfernen, restliche Blätter bis auf das Herz abbrechen und die Mittelrippen herausschneiden, Blätter in feine Streifen schneiden. Das Herz in die einzelnen Blätter zerpflücken. Vom Sbrinzstück mit einem Sparschäler Späne/Streifen abziehen.

2 Schalotten schälen, fein hacken, im Olivenöl andünsten, Reis zugeben und mitdünsten. Weißwein zugeben und offen bei schwacher Hitze einkochen lassen. Einen halben Liter Geflügelbrühe zugeben, aufkochen. Den Risotto auf der ausgeschalteten Wärmequelle zugedeckt ausquellen lassen, 10 Minuter oder länger. Restliche Geflügelbrühe und den Kopfsalat unterrühren, erhitzen. Die Butter mit dem geriebenen Sbrinz unterrühren, mit dem Pfeffer abschmecken. Mit den Sbrinzspänen garnieren.

Grüner Risotto mit Tomaten

für 4 Personen als Mahlzeit

1 EL Olivenöl extra nativ
8 sonnengereifte Pelati, geschält, Seite 128
Kräutersalz
frisch gemahlener schwarzer Pfeffer
einige Basilikumblätter

Risotto
1 EL Olivenöl extra nativ
1 kleine Zwiebel
1 Knoblauchzehe
200 g weißer Mittel- oder Rundkornreis (Risottoreis)
1 dl/100 ml Weißwein
1 Zweiglein Rosmarin
½ l heiße Gemüsebrühe
1 kleiner Bund Rucola
2 EL Pesto
2 EL frisch gehackte Kräuter, z. B. glattblättrige Petersilie, Oregano
30 g kalte Butterstückchen
40 g frisch geriebener Parmesan

Pesto
60 g Pinienkerne
6 mittelgroße Knoblauchzehen
100 g Basilikumblätter
50 g glättblättrige Petersilie
2½ dl/250 ml Olivenöl extra nativ
wenig frisch geriebener Parmesan

Basilikum für die Garnitur

1 Für den Pesto Pinienkerne, Knoblauch, Basilikum und Petersilie mit dem Olivenöl mixen. So viel geriebenen Parmesan untermischen, bis die Masse bindet.

2 Für den Risotto Zwiebeln und Knoblauch schälen und fein hacken, im Olivenöl bei schwacher Hitze andünsten. Reis zugeben, kurz mitdünsten. Weißwein und Rosmarin zugeben. Nach und nach die Gemüsebrühe zugeben, bei schwacher Hitze immer wieder einkochen lassen, der Risotto soll al dente/ körnig und dickflüssig sein. Das Rosmarinzweiglein entfernen. Rucola, Pesto und Kräuter unterrühren, mit den Butterstückchen und dem Parmesan abschmecken.

3 Pelati vierteln und entkernen, in einer heißen Pfanne im Olivenöl andünsten, würzen. Basilikum in Streifen schneiden und untermischen.

4 Kräuterrisotto in tiefen Tellern anrichten, gedünstete Tomatenviertel darauf legen, mit Basilikum garnieren.

Risotto milanese

für 4 Personen als Mahlzeit

2 EL Butter
1 kleine Zwiebel
300 g weißer Mittelkornreis (Risottoreis)
1 dl/100 ml Weißwein
ca. 8 dl/800 ml Gemüsebrühe
1 Döschen Safranfäden
40 g Butterstückchen
70–100 g frisch geriebener Parmesan
Salz
frisch gemahlener schwarzer Pfeffer

Zwiebel schälen und fein hacken, in der Butter bei schwacher Hitze andünsten, Reis zugeben und kurz mitdünsten. Weißwein zugeben, offen einkochen lassen. Safran und nach und nach Gemüsebrühe zugeben, sodass der Reis immer knapp mit Flüssigkeit bedeckt ist, unter häufigem Rühren bei schwacher Hitze al dente/körnig kochen, 15 bis 20 Minuten. Butterstückchen und die Hälfte des Parmesans unterrühren, mit Salz und Pfeffer abschmecken. Restlichen Parmesan separat dazu servieren.

Tipp Im Originalrezept wird die Butter (2 EL) mit 80 g Rindermark geschmolzen.

Risotto ai tre formaggi

für 4 Personen als Mahlzeit

2 EL Olivenöl extra nativ
1 kleine Zwiebel
300 g weißer Mittel- oder Rundkornreis (Risottoreis)
1 dl/100 ml Weißwein
½ l Gemüsebrühe
50 g Gorgonzola
50 g Fontina
50 g geriebener Parmesan
1 EL Butter
Oregano

1 Zwiebel schälen und fein hacken, im Olivenöl bei schwacher Hitze andünsten, Reis zugeben und kurz mitdünsten. Weißwein zugeben, offen einkochen lassen. Nach und nach Gemüsebrühe zugeben, sodass der Reis immer knapp mit Flüssigkeit bedeckt ist, unter häufigem Rühren bei schwacher Hitze al dente/körnig kochen, 15 bis 20 Minuten.

2 Gorgonzola und Fontina klein würfeln, mit Parmesan und Butter unter den Risotto rühren und schmelzen lassen. Abgezupfte Oreganoblättchen unterrühren.

Melonen-Risotto mit Riesenkrevetten

für 4 Personen als Mahlzeit

1 Bund Frühlingszwiebeln
2 EL Olivenöl extra nativ
400 g weißer Mittelkornreis (Risottoreis)
1 unbehandelte Zitrone, abgeriebene Schale und Saft
½ Briefchen Safranpulver
9 dl/900 ml Gemüsebrühe
1 Galia- oder Netzmelone
125 g Doppelrahmfrischkäse
3 EL fein gehackter Kerbel
400 g gekochte, geschälte Riesenkrevetten/-garnelen, «Tail on» (geschält, mit Schwanzflosse)
Salz, frisch gemahlener weißer Pfeffer

Kerbel für die Garnitur

1 Melone vierteln, entkernen. Fruchtfleisch mit einem Esslöffel oder einem Kugelausstecher aus der Schale lösen, die Hälfte klein würfeln, Rest pürieren. Frühlingszwiebeln in Scheiben, Röhrchen in Ringe schneiden.

2 Zwiebelscheiben im Olivenöl andünsten, Reis zugeben und kurz mitdünsten. Zitronensaft zugeben. Safran, Gemüsebrühe und Melonenpüree glatt rühren, nach und nach zum Reis geben und bei schwacher Hitze immer wieder einkochen lassen. Der Reis sollte mit der Flüssigkeit knapp bedeckt sein. Risotto unter häufigem Rühren etwa 20 Minuten kochen, bis er sämig und al dente/körnig ist. Zitronenschalen, Zwiebelröllchen, Frischkäse, Kerbel, Riesen krevetten und Melonenwürfel nacheinander unter den Risotto rühren, nur kurz warm werden lassen. Mit Kerbelblättchen garnieren.

Zitronen-Risotto mit Ziegenfrischkäse und jungem Spinat

für 4 Personen als Mahlzeit

2 EL Olivenöl extra nativ
1 Bund Frühlingszwiebeln
400 g weißer Mittel- oder Rundkornreis (Risottoreis)
2 unbehandelte Zitronen, abgeriebene Schale und Saft
ca. 1 l heiße Gemüsebrühe
100 g Ziegenfrischkäse
3 Hand voll erntefrischer Spinat
einige in Wasser eingelegte Safranfäden
Salz
frisch gemahlener schwarzer Pfeffer

Spinatblätter für die Garnitur
Zitronenscheiben für die Garnitur

1 Frühlingszwiebeln in feine Scheiben und Röhrchen in feine Ringe schneiden, beides im Olivenöl andünsten, Reis zugeben, kurz mitdünsten, Zitronensaft zugeben und diesen offen bei schwacher Hitze einkochen lassen, Zitronenschalen unterrühren. Nach und nach unter häufigem Rühren heiße Gemüsebrühe zugeben. Der Reis soll mit Flüssigkeit immer knapp bedeckt sein. Bei schwacher Hitze etwa 20 Minuten kochen, bis der Reis sämig und noch al dente/körnig ist.

2 Ziegenfrischkäse und Spinat unter den Risotto rühren, mit Safran, Salz und Pfeffer abschmecken. Anrichten. Mit Spinatblättern und Zitronenscheiben garnieren, sofort servieren.

Provenzalischer Apfel-Risotto mit Ziegenfrischkäse

für 4 Personen als Mahlzeit

2 EL Butter
1 mittelgroße Zwiebel, 2 Knoblauchzehen
400 g weißer Rund- oder Mittelkornreis (Risottoreis)
4 dl/400 ml vergorener Apfelsaft
8 dl/800 ml heiße Gemüsebrühe
1 TL Rosmarinnadeln
2 EL eingelegte grüne Pfefferkörner
1 EL eingelegte rosa Pfefferkörner
150 g Ziegenfrischkäse
Salz
frisch gemahlener schwarzer Pfeffer

2 EL Butter
2–3 kleine rotbackige Äpfel
1 TL Rosmarinnadeln

1 Zwiebel schälen, fein hacken, in der Butter andünsten, Knoblauchzehen dazupressen, Reis zugeben und kurz mitdünsten. Apfelsaft zugeben, bei schwacher Hitze offen einkochen lassen. Gemüsebrühe nach und nach zugeben, immer wieder einkochen lassen. Der Reis soll mit Flüssigkeit stets knapp bedeckt sein. Etwa 20 Minuten kochen, bis der Risotto sämig, aber noch leicht al dente/körnig ist. Rosmarin und Pfefferkörner unterrühren.

2 Äpfel mit Schale vierteln, Kerngehäuse entfernen, in Schnitze schneiden, mit Rosmarin in der Butter dünsten.

3 Ziegenfrischkäse würfeln, unter den Risotto rühren, erwärmen, damit der Käse schmelzen kann, mit Salz und Pfeffer abschmecken. Anrichten, Äpfel darauflegen.

Erdbeer-Risotto mit Cicorino rosso

für 4 Personen als Mahlzeit

2 EL Olivenöl extra nativ
2 Schalotten
350 g weißer Mittel- oder Rundkornreis (Risottoreis)
1½ dl/150 ml Weißwein
1 l heiße Gemüsebrühe
150 g Doppelrahmfrischkäse
2 kleine Köpfchen Cicorino rosso
400 g Erdbeeren
Salz
frisch gemahlener schwarzer Pfeffer

1 Schalotten schälen und fein hacken, im Olivenöl gut andünsten, Reis zugeben, kurz mitdünsten, den Weißwein zugeben, bei schwacher Hitze offen einkochen lassen, unter häufigem Rühren nach und nach die heiße Gemüsebrühe zugeben. Der Risotto soll mit der Flüssigkeit stets knapp bedeckt sein. Bei schwacher Hitze etwa 20 Minuten kochen, der Reis soll sämig, aber noch leicht al dente/körnig sein.

2 Äußere Blätter beim Cicorino rosso entfernen, Blätter einzeln abbrechen, je nach Blattgröße eventuell längs halbieren. Entstielte Erdbeeren halbieren oder vierteln.

3 Frischkäse, Cicorino rosso sowie Erdbeeren unter den Risotto rühren, kurz erwärmen, abschmecken. Sofort servieren.

Risotto mit Früchten und Pouletfleisch

für 4 Personen als Mahlzeit

1 EL Butter
1 kleine Zwiebel
200 g weißer Mittel- oder Rundkornreis (Risottoreis)
1 Lorbeerblatt
2 dl/200 ml vergorener Apfelsaft
½ l schwache Gemüsebrühe
350 g Rhabarber
50 g getrocknete Aprikosen
1 Apfel
1 dl/100 ml Rahm/Sahne

wenig Bratbutter/Butterschmalz
400 g Poulet-/Hühnerbrustfilets, in Streifen
Salz
frisch gemahlener weißer Pfeffer

2 EL geröstete Pinienkerne

1 Zwiebel schälen und fein hacken, in der Bratbutter andünsten, Reis zugeben und kurz mitdünsten. Lorbeerblatt, vergorenen Apfelsaft und Gemüsebrühe zugeben, aufkochen, den Reis bei schwacher Hitze 25 Minuten kochen, bis er al dente ist. Lorbeerblatt entfernen.

2 Rhabarber schälen, in 2 cm lange Stücke scheiden. Getrocknete Aprikosen in Streifchen schneiden. Apfel schälen, vierteln, entkernen, in feine Scheiben schneiden. Alle Früchte mit dem Rahm unter den Risotto rühren, 5 Minuten bei schwacher Hitze kochen.

3 Pouletstreifen in wenig Bratbutter kräftig anbraten, mit Salz und Pfeffer würzen.

4 Pouletfleisch und Pinienkerne unter den Risotto rühren.

Variante Risotto ohne Fleisch zubereiten.

Reisflocken und Co.

Reisnudeln

Kastanien-Reissuppe mit Lauch

für 4 Personen als Vorspeise

1 EL Olivenöl extra nativ
1 kleine Zwiebel
2 kleine Lauch
40 g Reismehl
1 TL mittelscharfes Currypulver
1 Prise Ingwerpulver
1 Prise Muskatnuss
1 l Gemüsebrühe
200 g frische oder tiefgekühlte Kastanien
1 dl/100 ml Rahm/Sahne
Kräutersalz
frisch gemahlener Pfeffer

1 Zwiebel fein hacken. Lauch putzen und in feine Streifen schneiden, einen Drittel für die Garnitur beiseite legen.

2 Zwiebeln und Lauch im Olivenöl andünsten, Reismehl und Gewürze kurz mitdünsten. Kastanien und Gemüsebrühe zugeben, erhitzen, die Suppe bei schwacher Hitze kochen, bis die Kastanien weich sind. Pürieren.

3 Kastaniensuppe mit dem Rahm aufkochen, bei schwacher Hitze 2 bis 3 Minuten kochen, mit Kräutersalz und Pfeffer abschmecken.

4 Kastaniensuppe anrichten, mit dem restlichen Lauch garnieren.

Dinkelzopf mit Reismilch

20 g frische Hefe
2½ dl/250 ml zimmerwarme Reismilch
500 g Dinkelhalbweißmehl/Mehltype 720
oder 500 g Dinkelweißmehl/Mehltype 405
1 TL Salz
1 dl/100 ml Olivenöl extra nativ

1 Die Hefe in der Hälfte der Reismilch auflösen und 10 Minuten quellen lassen.

2 Mehl und Salz in einer Schüssel gut mischen, eine Vertiefung formen. Hefemilch, restliche Reismilch und Olivenöl zugeben, zusammenfügen und gut kneten, bis der Teig regelmäßige Luftlöcher hat. Die Schüssel zudecken, den Teig bei Zimmertemperatur auf das doppelte Volumen gehen lassen.

3 Den Zopfteig nochmals kurz durchkneten, in 2 gleich große Portionen teilen, 2 gleichmäßige Stränge drehen, zu einem Zopf flechten. Den Zopf auf ein eingefettetes Blech legen, kühl stellen, 30 Minuten gehen lassen.

4 Den Backofen auf 200 °C vorheizen.

5 Den Zopf mit Wasser bepinseln. Das Blech in der Mitte in den Ofen schieben, den Zopf bei 200 °C etwa 40 Minuten backen.

Abbildung

Reisflocken-Osterfladen

für 8 bis 10 kleine Formen oder
für ein Kuchenblech von
28 cm Durchmesser

350 g Mürbe- oder Kuchenteig
3 EL Akazienhonig

Füllung
4 dl/400 ml Milch
1 Prise Salz
40 g Reisflocken
60 g Butter
1 unbehandelte Zitrone,
abgeriebene Schale und Saft
50 g geriebene Mandeln
50 g Rosinen
100 g feiner Vollrohrzucker
3 Freilandeier
1 Prise Salz

Puderzucker zum Bestäuben

1 Den Teig etwa 2 mm dick ausrollen und Rondellen in der Größe der Förmchen ausstechen, in die eingefetteten Förmchen legen, mit dem Akazienhonig bepinseln, 30 Minuten kühl stellen.

2 Für die Füllung die Milch und Prise Salz aufkochen, die Flocken einrühren, bei schwacher Hitze 20 Minuten kochen, ab und zu rühren. Die Pfanne von der Wärmequelle nehmen. Butter, Zitronen-schalen und -saft, Mandeln, Rosinen sowie Zucker unterrühren, auskühlen lassen.

3 Den Backofen auf 220 °C vorheizen.

4 Die Eier trennen, Eigelbe unter die Reismasse rühren. Eiweiß mit der Prise Salz zu Schnee schlagen, unter die Reismasse ziehen. Auf den Teigboden verteilen.

5 Förmchen auf der untersten Schiene in den Backofen schieben, Osterfladen bei 220 °C etwa 30 Minuten backen. Aus den Förmchen nehmen, mit Puderzucker bestäuben, erkalten lassen.

Feines Reisflockenköpfchen

für 4 Personen als Dessert

125 g Reisflocken
3½ dl/350 ml warmes Wasser
2½ dl/250 ml Milch
1 Msp Salz
10 g Butter
½ unbehandelte Zitrone, Saft und abgeriebene Schale
2 EL Zucker
60 g Sultaninen
60 g geschälte, gehackte Haselnüsse oder Mandeln

dünn abgeschälte Zitronenzesten für die Garnitur

1 Reisflocken in eine Pfanne geben, mit warmem Wasser übergießen, etwa 10 Minuten quellen lassen. Milch und Salz zugeben und unter Rühren aufkochen, bei schwacher Hitze zu einem dicken, aber noch feuchten Brei einkochen. Die Pfanne von der Wärmequelle nehmen. Die restliche Zutaten unterrühren, zugedeckt 10 Minuten quellen lassen.

2 Die Reismasse in vier mit kaltem Wasser ausgespülte Förmchen oder Suppentassen füllen, leicht zusammenpressen, vollständig auskühlen lassen, dann für 2 Stunden kühl stellen.

3 Den Rand der Reisköpfchen lösen und auf Teller stürzen. Zitronenzesten in Streifchen schneiden, Köpfchen damit garnieren.

Tipp Mit heißen Beeren oder einem heißen Früchtekompott oder mit Fruchtsalat servieren.

Variante Die Sultaninen durch fein gehackte Trockenfrüchte oder kandierte Früchte ersetzen.

Abbildung

Rahmreis mit Himbeeren

für 4 Personen als Dessert

2½ dl/250 ml Milch
1 Msp Vanillepulver
5 EL Reisflocken
3 EL Ahornsiurp oder Honig
1 Msp abgeriebene Schale einer unbehandelten Zitrone
1 Becher (1,8 dl/180 ml) Rahm/Sahne
300 g Himbeeren
flüssiger Honig

1 Milch mit dem Vanillepulver aufkochen, Reisflocken zugeben, 10 Minuten bei schwacher Hitze köcheln lassen. Ahornsirup und Zitronenschalen unterrühren. Abkühlen lassen, ab und zu rühren.

2 Den Rahm steif schlagen, unter die Reiscreme ziehen. Kühl stellen.

3 Himbeeren mit wenig flüssigem Honig süßen.

4 Rahmreis mit den Himbeeren anrichten.

Orangen-Creme

Dessert

50 g Reisflocken
2 dl/200 ml Wasser
2 dl/200 ml Orangensaft
2 EL Vollrohrzucker
1 TL Vanillezucker
1 Prise Salz
100 g Magerquark
1 EL Vollrohrzucker
1 unbehandelte Orange, abgeriebene Schale
2 EL Mineralwasser
1 Becher (1,8 dl/180 ml) Rahm/Sahne

500 g Blondorangen
Grand Marnier nach Belieben
wenig Zitronenmelisse

1 Reisflocken, Wasser und Orangensaft in einer Schüssel verrühren, 10 Minuten quellen lassen.

2 Flocken mit Flüssigkeit, Vollrohrzucker, Vanillezucker und Salz unter Rühren aufkochen, bei schwacher Hitze 5 Minuten kochen, in die Schüssel umgießen und unter Rühren im Wasserbad erkalten lassen.

3 Quark, Vollrohrzucker, Orangenschalen und Mineralwasser unter die Reisflockencreme rühren. Den Rahm steif schlagen, davon ⅔ unter die Creme ziehen, den Rest für die Garnitur kühl stellen. Die Schüssel mit Klarsichtfolie verschließen, 2 Stunden kühl stellen.

4 Orangen großzügig schälen, auch die weißen Häutchen entfernen. Die Fruchtfilets aus den Trennhäutchen schneiden, entkernen, mit Grand Marnier beträufeln.

5 Reisflocken-Orangen-Creme in Glasschalen anrichten, garnieren mit Orangenspalten, restlichem Rahm und Zitronenmelisse.

Rindfleischeintopf mit Nudeln

für 4 Personen als Mahlzeit

1 l Rinderbrühe
600 g Rinderhuft, in kleinen Würfeln
3 Knoblauchzehen, grob gehackt
3 Korianderwurzeln
2 Zimtstangen
4 Sternanis
2 EL helle pikante Sojasauce
2 EL Fischsauce
1 TL Zucker
100 g dünne Reisnudeln (sen mee)
100 g Sojasprossen

2 Frühlingszwiebeln für die Garnitur
1 EL gehackter Koriander

1 Die Reisnudeln in einem Drahtsieb ausgiebig mit warmem Wasser überbrausen, in eine Schüssel umfüllen, mit kaltem Wasser bedecken, Nudeln 2 Stunden quellen lassen, abgießen.

2 Rinderbrühe, Fleischwürfelchen, Gewürze und Zucker aufkochen und bei schwacher Hitze gut 30 Minuten kochen, Schaum abschöpfen.

3 Die Reisnudeln mit den Sojasprossen in eine große Suppenschüssel geben, den Eintopf zugeben. Die heiße Brühe reicht zum Garen der Nudeln. Fein geehackte Frühlingszwiebeln und Koriander darüber streuen.

Abbildung

Gepuffte Reisnudeln

Reisnudeln, Menge nach Belieben
Olivenöl extra nativ
Salz

In einen Kochtopf das Olivenöl 3 bis 5 cm hoch einfüllen und stark erhitzen. Jeweils eine kleine Portion Reisnudeln einstreuen und nach wenigen Sekunden mit einer Gabel aus dem Öl nehmen, auf Küchenpapier abtropfen lassen. Würzen.

Variante Reisnudeln in der offenen Fritteuse puffen. Sie eignen sich auch als spezielle Suppeneinlage.

Gebratene Nudeln mit Riesenkrevetten

für 4 Personen als Mahlzeit

2 EL Erdnussöl
2 Knoblauchzehen, fein gehackt
4 geschälte Riesenkrevetten/-garnelen, ohne Darm
1 Ei
190 g mitteldicke Reisnudeln (sen lek)
2 EL Zitronensaft
1½ EL Fischsauce
1 Msp Zucker
2 EL zerstoßene geröstete Erdnüsse
2 EL zerstoßene oder fein gemahlene getrocknete Krevetten/Garnelen
½ TL Chilipulver
1 EL gehackter eingelegter Rettich
40 g Sojasprossen
Sojasauce
2 Frühlingszwiebeln, in Scheiben

Koriander für die Garnitur
Zitronenspalten für die Garnitur

1 Reisnudeln in einem Drahtsieb ausgiebig mit warmem Wasser überbrausen, in eine Schüssel umfüllen, mit kaltem Wasser bedecken, 2 Stunden quellen lassen, abgießen.

2 Erdnussöl in einem Wok erhitzen, Knoblauch darin goldbraun braten. Riesenkrevetten zugeben und rundum anbraten. Das Ei aufschlagen und unterrühren, stocken lassen. Eingeweichte Nudeln untermischen, Zitronensaft, Fischsauce, Zucker, die Hälfte der Erdnüsse, getrocknete Krevetten, Chilipulver, Rettich und 1 Esslöffel Sojasauce sowie Frühlingszwiebeln zugeben, 3 Minuten rührbraten, bis die Nudeln gar sind.

3 Reisnudeln anrichten. Restliche Erdnüsse und Sojasprossen darüber verteilen, mit Koriander und Zitronenspalten garnieren.

Reisnudeln mit Seitan

für 4 Personen als Mahlzeit

150 g dünne Reisnudeln (sen mee)
reichlich Erdnussöl
300 g Seitan oder Tofu
1 EL Miso
1 EL Wasser
1 EL Essig
1 EL Sojasauce
1 EL flüssiger Honig
1 TL Chilipulver
1 EL Zitronensaft
1 Tasse Sojasprossen

gehackter Koriander
1 rote Chilischote, in Streifchen
2 Frühlingszwiebeln, in Ringen

eingelegter Knoblauch
fein gehackter Knoblauch
Essig
Salz

1 Fein gehackten Knoblauch in Essig einlegen, leicht salzen, einen Tag ziehen lassen.

2 In einem großen Topf Wasser aufkochen, Reisnudeln zufügen, etwa 2 Minuten kochen, in ein Sieb abgießen, mit einem feuchten Tuch bedecken, 20 Minuten ruhen lassen. Kurz vor dem Servieren in reichlich Öl knusprig braten.

3 Seitan oder Tofu in Streifen schneiden, in wenig Erdnussöl anbraten. Miso, Wasser, Essig, Sojasauce, Honig und Chilipulver verrühren, mit dem Seitan vermengen, Zitronensaft und Sojasprossen unterrühren, gebratene Reisnudeln zugeben und vermengen. Anrichten. Garnieren mit eingelegtem Knoblauch, Koriandergrün, Chilistreifen sowie Frühlingszwiebeln.

Reisnudeln mit Kokosnuss

für 4 Personen als Mahlzeit

2 Schalotten
8 schwarze Pfefferkörner
1 große frische rote Chilischote, grob gehackt
½ TL Salz
6 EL Kokosnusscreme
3 EL Gemüsebrühe oder Wasser
1 TL Zucker
½ TL Chilipulver
2 EL helle pikante Sojasauce
150 g dünne Reisnudeln (sen mee)
150 g Tofu
Frittieröl
100 g Sojasprossen
1 Frühlingszwiebel, fein gehackt

Koriander für die Garnitur

1 Reisnudeln 20 Minuten in reichlich kaltem Wasser einweichen.

2 Tofu in kleine Würfel schneiden, in einer Fritteuse oder in einem Topf in reichlich Öl frittieren.

3 Schalotten, Pfefferkörner, Chili und Salz im Mörser zu einer Paste zerstoßen.

4 Kokosnusscreme in einem Topf oder in einem Wok leicht erhitzen, aber nicht kochen. Gemüsebrühe, Zucker, Chilipulver und Sojasauce unterrühren, die Paste unterrühren.

5 Nudeln auseinanderziehen und zur Sauce geben, köcheln lassen, bis sie fast gar sind. Tofu, Sojasprossen und Frühlingszwieben zugeben, vermengen. Mit Koriander garnieren.

Milchreis – weißer Reis

7–8 dl/700-800 ml Milch
½ Vanilleschote
150 g weißer Rundkornreis

Den Reis mit der aufgeschnittenen Vanilleschote in eine Pfanne geben und aufkochen, den Reis einrühren, bei schwacher Hitze 30 bis 40 Minuten köcheln lassen, häufig rühren.

Quellreis – Langkorn-Vollreis

240–320 g Langkorn-Vollreis
6½–9 dl/dl/650–900 ml Wasser
Salz oder Gemüsebrühepulver

Schnellkochtopf (Duromatic)
Reis und Wasser in den Topf geben. Bei Erscheinen des ersten roten Ringes die Wärmezufuhr auf die kleinste Stufe zurückschalten und den Reis 15 Minuten garen. Um den Überdruck nach Ende der Garzeit so rasch wie mögich abzubauen, den Kochtopf von der Wärmequelle ziehen. Der Schnellkochtopf lässt sich mühelos öffnen, wenn aller Druck entwichen ist. Den Reis mit Salz oder Gemüsebrühepulver würzen.

Konventionelle Garmethode I
Reis in einem trockenen Kochtopf unter Rühren bei mittlerer Hitze hellgelb werden lassen. Die Körner sollen knistern. Heißes Wasser zugeben, den Topfinhalt aufkochen, 5 Minuten sprudelnd kochen, den Reis auf der ausgeschalteten Wärmequelle 30 Minuten oder länger zugedeckt ausquellen lassen. Würzen.

Konventionelle Garmethode II
Reis in einem trockenen Kochtopf unter Rühren bei mittlerer Hitze hellgelb werden lassen. Die Körner sollen knistern. Heißes Wasser zugeben und den Reis bei schwacher Hitze zugedeckt 20 bis 30 Minuten garen. Etwa 5 Minuten vor Ende der Garzeit würzen.

Quellreis – weißer Langkornreis

240–320 g weißer Langkornreis
5–6½ dl/500–650 ml Gemüsebrühe

Konventionelle Garmethode I
Den Reis mit der Gemüsebrühe aufkochen und bei schwacher Hitze zugedeckt 15 bis 20 Minuten köcheln lassen.

Konventionelle Garmethode II
Den Reis mit der Gemüsebrühe aufkochen, auf der ausgeschalteten Wärmequelle zugedeckt rund 20 Minuten ausquellen lassen.

Garen im Ofen
Den Backofen auf 160 °C vorheizen. Den Reis mit der Gemüsebrühe in eine ofenfeste Form mit Deckel geben. In der Mitte in den Ofen schieben. Bei 160 °C 40 Minuten garen.

Quellreis – Rundkorn-Vollreis

240–320 g Rundkorn-Vollreis
1,2–1,6 l Wasser

Reis über Nacht im Wasser quellen lassen. Am nächsten Tag mit dem Einweichwasser aufkochen, bei schwacher 30 Minuten köcheln lassen.

helvetas

Helvetas engagiert sich für wirtschaftlich und sozial benachteiligte Menschen in Afrika, Asien und in Lateinamerika und fördert die Selbsthilfe direkt vor Ort. Die Befriedigung menschlicher Grundbedürfnisse sicherzustellen und die Entfaltung der persönlichen Fähigkeiten zu ermöglichen, ist Ziel der Entwicklungsarbeit von Helvetas.

Helvetas wurde 1955 als erste private Organisation für Entwicklungszusammenarbeit der Schweiz gegründet. Sie ist ein parteipolitisch und konfessionell unabhängiger Verein, der von 38 000 Mitgliedern, 40 000 Gönnerinnen und Gönnern sowie 16 ehrenamtlich tätigen Regionalgruppen getragen wird. In mehr als 20 Partnerländern betreuen rund 400 einheimische und 50 Mitarbeiter aus der Schweiz rund 150 Projekte. Die Entwicklungsarbeit konzentriert sich auf die Bereiche Land- und Forstwirtschaft, Infrastruktur im ländlichen Raum (v.a. Wasser- und Erschließungsprojekte), Bildung und Kultur sowie Demokratie- und Friedensförderung.

In der Schweiz beschäftigt Helvetas rund 45 Mitarbeiter. Die Geschäftsstelle in Zürich setzt sich gemeinsam mit den Zweigstellen in Lausanne und Balerna mit entwicklungspolitischer Arbeit und Informationskampagnen für ihre Entwicklungsziele ein. Der Helvetas-FairShop macht auf die negativen Folgen ungerechter Handelsverhältnisse für die Entwicklungsländer aufmerksam und fördert mit dem Vertrieb von Fairtrade-Produkten den gerechten Handel.

Landwirtschaft ist das größte Tätigkeitsfeld von Helvetas. Im Zentrum stehen dabei die Ausbildung von Bauern und Bauernberatern sowie die Förderung der Vermarktung landwirtschaftlicher Erzeugnisse. Im Vordergrund stehen Ernährungssicherheit, Einkommensförderung und nachhaltige Nutzung.

Reis ist in einigen Helvetas-Partnerländern Grundnahrungsmittel der Bevölkerung. Er spielt in mehreren Helvetas-Projekten eine Rolle – so zum Beispiel in Laos, Vietnam, Nepal und auch in Mali. Zur Unterstützung dieser Projekte hat der FairShop Reis in sein Sortiment aufgenommen.

Helvetas
Schweizer Gesellschaft
für internationale Zusammenarbeit
St. Moritzstrasse 15
CH-8042 Zürich

Telefon +41 44 368 65 00, Fax +41 44 368 65 80
Bestelltelefon +41 44 368 65 65
E-Mail helvetas@helvetas.org, Homepage www.helvetas.ch
FairShop www.helvetas.biz

FAIR TRADE CERTIFIED
MAX HAVELAAR

Schweiz und fair-Reis

Nirgends ist die Bereitschaft der Konsumenten größer als in der Schweiz, für sozial- und umweltverträglich hergestellte, gerecht gehandelte Erzeugnisse etwas mehr zu zahlen. Entscheidend dazu beigetragen haben die claro fair trade AG, die Großverteiler und die Weltläden, die Reis aus fairem Handel anbieten. Da die Nachfrage noch immer zunimmt, räumt Helvetas dem Import von Spezialitätenreis aus Entwicklungsländern große Chancen ein. Im Jahr 2003 wurden in der Schweiz rund 416 Tonnen Reis aus fairem Handel mit dem Max-Havelaar-Label verkauft, was einem Marktanteil von knapp 3 % entspricht. Bis eine Kooperative von Max Havelaar zertifiziert wird, muss sie genau festgelegte und streng überprüfte Kriterien erfüllt haben. Ein wichtiger Punkt ist, dass die Kooperativen demokratisch und zudem transparent organisiert sind. Ein Teil des Erlöses muss für gemeinschaftliche Zwecke wie Schulen, medizinische Einrichtungen usw. eingesetzt werden.

Bei den ökologischen Standards geht es beispielsweise um die Reduktion des Pestizid-Einsatzes, um Maßnahmen zur Erhaltung oder Verbesserung der Bodenfruchtbarkeit, Eindämmung der Bodenerosion und die Verwendung natürlicher Düngemittel. Wenn immer möglich, soll eine Bewirtschaftung nach biologischen Richtlinien angestrebt werden – zum Schutz des Kulturlandes – und um Produktequalität und Wertschöpfung zu optimieren.

In diese Richtung zielen auch die Projekte in Nordost- und Zentralthailand, wo ein großer Teil des in die Schweiz importierten Fair-Trade-Reises herkommt. Unter anderem sollen Wasserbüffel als Arbeitstiere gezüchtet werden. Zudem laufen verschiedene Initiativen zur Schaffung alternativer Einkommensquellen wie etwa der Herstellung von Reisnudeln.

Stichwortverzeichnis